Christa Graf
mit Sabine Eichhorst
Damit du mich nie vergisst

PIPER

Zu diesem Buch

Memory Books, Erinnerungsbücher, so heißen kleine bunte Hefte, vollgeschrieben und bemalt von Menschen, die oft kaum das Alphabet beherrschen. HIV-positive Eltern formulieren darin Gedanken, Bräuche und Wünsche für ihre Kinder, die bald alleine aufwachsen müssen. In Uganda und anderen Ländern Afrikas sind solche bewegenden Tagebücher oft das einzige Erbe, das erkrankte Mütter hinterlassen können. Immer wieder bereiste die engagierte Filmemacherin und Autorin Christa Graf das Land, besuchte Kranke und Waisenkinder, Ärztinnen, Heiler und Sozialarbeiter. Die daraus entstandene Film-Dokumentation »Memory Books« kam in die Kinos und ins Fernsehen. Im Buch erzählt Christa Graf eindrucksvoll, wie wichtig die Memory Books für den Fortbestand von Afrikas Traditionen und die Zukunft einer ganzen Generation sind und wie viel Kraft und Hoffnung in diesen Heften steckt.

Christa Graf, geboren 1947, Chemotechnikerin und Mutter zweier Söhne, kam über Umwege zum Film. Sie unternahm lange Reisen, durchquerte die Sahara und erlebte hautnah die Kriegswirren in Sri Lanka. Mittlerweile sind mehr als fünfzig Filme entstanden, mit denen sie sich vor allem für Afrika und seine Bewohner einsetzt. Christa Graf lebt in München. Für ihre Film-Dokumentation »Memory-Books« erhielt sie zahlreiche Preise, darunter den »Ehrenpreis für Menschenrechte von Amnesty International« und den »Eine-Welt-Film-Preis«.
Weiteres zur Autorin: www.christa-graf.de

Christa Graf
mit Sabine Eichhorst

Damit du mich nie vergisst

Afrikas Kinder und die Memory Books

Mit 32 Seiten farbigem Bildteil

Piper München Zürich

Mehr über unsere Autoren und Bücher:
www.piper.de

Mix
Produktgruppe aus vorbildlich bewirtschafteten
Wäldern und anderen kontrollierten Herkünften
www.fsc.org Zert.-Nr. GFA-COC-001223
© 1996 Forest Stewardship Council

Ungekürzte Taschenbuchausgabe
Dezember 2009

erschienen im Verlagsprogramm Malik
Umschlaggestaltung: Birgit Kohlhaas, München
Umschlagabbildungen: Roland Wagner / Kick Film GmbH, München
Fotos: Roland Wagner / Kick Film GmbH, München
Satz: Satz für Satz. Barbara Reischmann, Leutkirch
Papier: Munken Print von Arctic Paper Munkedals AB, Schweden
Druck und Bindung: CPI – Clausen & Bosse, Leck
Printed in Germany ISBN 978-3-492-25733-6

Für meine Söhne Peter und Christian.

Mein großer persönlicher Dank geht an Bruno Funk.
Ebenso an Angela Moehring.

Für die Unterstützung meiner Arbeit danke ich
Dr. Rainward Bastian, Difäm – Gesundheit in der Einen Welt;
Dr. Rao Satapati, CO-OPERAID, Schweiz;
Irene Bush, Terre des Hommes, Schweiz;

sowie folgenden Organisationen in Uganda:
Reach The Child;
Nacwola;
VAD;
The Lutherans.

Inhalt

Der Hauch der Ahnen

Erlausche nur geschwind
Die Wesen in den Dingen,
Hör sie im Feuer singen,
Hör sie im Wasser mahnen,
Und lausche in den Wind:
Der Seufzer im Gebüsch,
Das ist der Hauch der Ahnen.

Die gestorben sind, sind niemals fort,
Sie sind im Schatten, der sich erhellt,
Und im Schatten, der tiefer ins Dunkel fällt.
Sie sind in dem Baum, der dröhnt,
Und sind in dem Baum, der stöhnt.
Sie sind in dem Wasser, das sich ergießt,
Wie im Wasser, das schlafend die Augen schließt.
Sie sind in der Hütte, sie sind im Boot:
Die Toten sind nicht tot.

Birago Diop, 1906–1989

Vorbemerkung der Autorin

Das vorliegende Buch ist eine Hommage an all jene, die den Kampf gegen Aids aufgenommen haben – vor allem an die Mütter in Uganda, die ein Memory Book schreiben. Ich bewundere diese Frauen, die sich entschlossen haben, sich der Krankheit zu stellen und sich mit ihrem Schicksal auseinanderzusetzen. Ich habe erlebt, wie sie mit ihren Kindern sprechen und ihnen die Angst nehmen können. Und ich habe Waisenkinder getroffen, die in der Lage sind, aus den niedergeschriebenen Erinnerungen Kraft zu schöpfen.

Das Buch ist zusammen mit dem vielfach preisgekrönten Dokumentarfilm »Memory Books« entstanden. Es wäre nicht zustande gekommen ohne die Mithilfe zahlreicher Personen, die sich im Folgenden wiederfinden werden und denen ich für ihr Vertrauen und ihr Einverständnis zur Veröffentlichung danke.

Allerdings haben mir viele Menschen in Uganda erst dann ihr Vertrauen geschenkt, als sie gesehen hatten, mit welchem Blick ich auf sie, ihr Land und ihre Kultur schaue. Sie wollten nicht, dass schon wieder jemand kommt, der sich nur mit ihrem Elend befasst.

Als ihnen klar war, dass ich das Leid nicht verschweigen oder schmälern will, doch zugleich über ihre Kraft berichte, mit diesem Schicksal umzugehen, ebenso über ihren Mut und ihre Hoffnung, war ich willkommen und wurde bestmöglich unterstützt. Ich habe allen, die ich traf, versprochen, dieses Bild in die Welt zu tragen und auch von ihrer Sorge zu sprechen, dass die noch vorhandene afrikanische Kultur und Tradition durch das Sterben einer ganzen Generation verloren gehen könnte.

Wo es nötig oder ausdrücklich gewünscht war, wurden die Namen der dargestellten Personen geändert.

Das Buch ist ein subjektiver Bericht, eine Erzählung, die auf meiner Erinnerung, auf Gesprächen, Beobachtungen und Eindrücken beruht, kein sachlich-historischer oder politischer Abriss.

Die Reisen und weiteren Recherchen zu diesem Buch fanden über einen Zeitraum von fast drei Jahren statt. Wo Zahlen und Statistiken im Text auftauchen, handelt es sich um die neuesten Daten, die zum Zeitpunkt der Drucklegung vorlagen.

Ich widme dieses Buch den Kindern in Uganda.

Eins

Die Frau steht neben der Tür, im Schatten, den das Vordach wirft, und wartet. Das Kind, das sie in einem Tragetuch auf ihrem Rücken trägt, schläft, sein Kopf ruht zwischen ihren Schulterblättern. Sie hat eine geblümte Bluse und einen bunt gemusterten Rock an und ein Tuch um den Kopf gebunden, das ihr Haar verbirgt und ihr dunkles Gesicht umrahmt. Reglos und aufrecht wie ein Baobab-Baum steht sie dort und blickt hinaus.

Draußen in der Sonne sitzt ein Junge auf den Stufen. Ein Mann lehnt an dem Pfosten, der das Vordach stützt, und als eines der beiden Mädchen, die zu seinen Füßen im Gras sitzen, ihm auf Lusoga etwas zuruft, lacht er. Ein Hund wälzt sich im roten Staub. Über der Tür, dort, wo die Frau mit ihrem schlafenden Kind auf dem Rücken wartet, hat jemand in kleinen, sauberen Lettern auf die Hauswand geschrieben: *Frauenstation*.

»Are you Miriam?« Sie zuckt zusammen, wendet sich um und schaut in die Richtung, aus der die Stimme kam. Sie sieht eine kleine, kräftige Frau, die ihr zuwinkt. »Come here.« Miriam zögert. Dann geht sie langsam den Flur entlang.

»Ich bin Christine, die Krankenschwester.« Der Händedruck der Frau ist fest und warm.

»Guten Tag.«

»Guten Tag, Miriam. Wie geht es dir?«

»Danke, gut.«

Christine deutet auf eine Bank. Auf dem Tisch neben der Bank liegen Papiere, Laken und eine Puppe. Miriam setzt sich. Sie sitzt steif und gerade, als wolle sie jeden Moment wieder aufspringen. Das Kind auf ihrem Rücken lächelt im Schlaf.

»Ist es ein Mädchen oder ein Junge?«, fragt Christine.

»Ein Mädchen«, antwortet Miriam. »Sie heißt Victoria, und sie ist elf Monate alt.«

»Es ist schon lange her, dass meine Kinder so klein waren.« Christine lacht. Sie hat kluge Augen und ein freundliches Gesicht. »Meine Jüngste ist sechzehn.« Christine zieht einen Stuhl heran, setzt sich vor Miriam und schaut sie an. »Hast du noch mehr Kinder?«

»Einen Sohn, er ist fünf. Und eine Tochter mit drei.«

Christine fährt mit der Hand über ihr geglättetes Haar. Sie trägt keine Tracht, sondern eine gelbe Bluse mit blauen Tupfen und einen orangefarbenen Rock. Um ihre Schultern hat sie ein Tuch gelegt, in zartem Violett wie ein später Abendhimmel. »Und dein Mann?«, fragt sie.

Miriams Gesicht zeigt keine Regung. Ein paar Sekunden herrscht Stille, dann antwortet sie: »Er ist vor zwei Wochen gestorben.«

Christine sieht Miriam an, mit ruhigem Blick. »Und jetzt willst du wissen, ob du dich angesteckt hast?«

Miriam nickt.

»Nun«, sagt Christine, und ihre Stimme ist fest und freundlich. Sie blättert in den Papieren, zieht einen Zettel aus dem Stapel und streicht ihn glatt. »Das Ergebnis deines Tests ist gekommen.« Miriams Hände liegen in ihrem Schoß. Schweigend sitzen die Frauen einander gegenüber. »Vor dem Test«, sagt Christine, »hat meine Kollegin mit dir gesprochen, darüber, was HIV ist, was Aids ist – erinnerst du dich?«

»Ja.«

»Ihr habt darüber gesprochen, wie man sich infizieren kann?«

Miriam nickt.

»Und ihr habt darüber gesprochen, wie man sich schützen kann?«

Miriam nickt. Ihre Hände sind ineinandergeschlungen.

»Du weißt, dass wir dir, wenn du HIV-positiv bist, Medikamente geben werden?«

»Ja, das weiß ich.« Miriams Gesicht ist angespannt. Christine sieht die Angst in ihren Zügen. Und dennoch strahlt sie auch etwas sehr würdevolles aus.

»Gut, Miriam. Bist du bereit, das Ergebnis deines Tests zu erfahren?«

Miriam atmet tief ein. »Ja, ich bin bereit.«

Christine beugt sich ein wenig vor. »Miriam, der Test hat ergeben, dass du HIV ...« – Christine zögert einen kurzen Moment – »... positiv bist.«

Miriam schließt die Augen.

»Dein Mann hat dich angesteckt.« Christine greift nach Miriams Händen. Miriam öffnet die Augen. Ihr Blick ist leer. Als sei sie von einem Augenblick auf den anderen verschwunden, fort, in einem fernen Land.

Christine streichelt Miriams Finger. Sie lässt die Frau keine Sekunde aus den Augen. Nach einer Weile sagt sie: »Ich weiß, wie man sich in diesem Moment fühlt.«

Miriam schaut sie an und scheint sie nicht zu sehen.

Christine drückt Miriams Hände. Sie ist sich nicht sicher, ob Miriam es spürt, ob sie sie überhaupt gehört hat. Sie summt ein Lied, ein Kirchenlied, das oft am Ende des Gottesdienstes gesungen wird. Irgendwann sagt Christine: »Miriam, das Ergebnis ist kein Grund aufzugeben. Dein Leben geht weiter.«

Draußen kräht ein Hahn, und Kinder lachen.

Miriams Augen glänzen, Tränen laufen ihr über beide Wangen. Sie gleicht noch immer einem Baobab-Baum, aufrecht und majestätisch. Doch sie nimmt nichts um sich herum wahr. Sie bemerkt auch nicht, dass das Kind auf ihrem Rücken aufgewacht ist. Das Mädchen windet sich und schaut mit schlaftrunkenem Blick über den Rand des Tragetuchs. Als es die Puppe auf dem Tisch entdeckt, lacht es und streckt seine Hand danach aus.

Dann entfährt Miriam ein tiefer, wunder Schrei.

Christine steht auf und umarmt Miriam. Sie hält sie fest in ihrem Armen, wiegt sie. Miriam beginnt, hemmungslos zu weinen.

»Ich sterbe …«

»Miriam, wir werden dir Medikamente geben. Du kannst noch lange leben.«

Das Kind auf Miriams Rücken strampelt.

»Was wird aus meinen Kindern …?«, schluchzt Miriam.

Christine setzt sich vor Miriam und hält wieder ihre Hände. Auch ihr Blick ist jetzt trüb. »Wir werden dir helfen«, sagt sie. Hinter den Frauen hängt ein Plakat an der Wand. Es zeigt einen Vater und eine Mutter mit ihrem Baby, über den Köpfen der jungen Familie steht: Wenn Sie HIV-positiv und schwanger sind – informieren Sie sich, damit Sie Ihr Kind nicht infizieren.

Draußen jagen eine Gruppe Jungen und der Hund den Hahn durch den roten Staub. Das Kind auf Miriams Rücken fängt leise an zu weinen.

Am nächsten Tag trägt Christine wieder ihre Schwesterntracht, den gestärkten rosa Kittel, in dessen Taschen sie Schlüssel, Stifte und manchmal geröstete Erdnüsse für die Kinder aufbewahrt. Auf ihrem schwarz glänzenden Haar sitzt ein weißes Häubchen. Dennis mag es, wenn Christine ihre Tracht trägt, denn sie sieht darin sauber und unantastbar aus, als könne ihr nichts auf der Welt etwas anhaben.

Dennis ist zehn, und er besucht Christine manchmal, wenn er nachmittags aus der Schule kommt.

»Dennis!«, ruft Christine, als sie ihn sieht. Sie legt eine Packung beiseite, aus der sie gerade Tabletten abgezählt hat, breitet die Arme aus und zieht den Jungen an sich. »Oh, Dennis …«

Dennis spürt ihren warmen Körper, ihre kräftige Umarmung, die ihn nicht mehr loslässt. Plötzlich ist er ganz schüchtern. Seine Arme hängen zu beiden Seiten herab. Er traut sich nicht, Christine ebenfalls zu umarmen, doch sie hält ihn fest und sagt: »Dennis, wie geht es dir? Schön, dich zu sehen!«

Dennis murmelt eine Antwort, viel will ihm nicht einfallen.

Christine drückt den Kopf des Jungen an ihre Brust. »Wie war es in der Schule?«

»Gut.« Dennis trägt noch seine Schuluniform, die dunkle Hose und das blaue Hemd, das jetzt locker aus dem Bund hängt. »Wir hatten Englisch, Mathematik und Sozialkunde. In Mathematik habe ich einen Test bestanden.«

»Du bist ein guter Schüler, Dennis. Ich bin stolz auf dich.« Christine streicht ihm übers Haar. Ein paar Kinder schauen neugierig zu. Auch die Erwachsenen, die an den Betten ihrer Verwandten sitzen, beobachten Dennis und Christine. Einige kennt Dennis, andere hat er noch nie gesehen. Jeden Tag kommen sehr viele Menschen in die Klinik. Alle sind krank. Manche sind erschöpft und abgemagert wie sein Vater, kurz bevor er starb. Wie seine Mutter.

Dennis will nicht daran denken.

»Aber der Lehrer hat mich ins schwarze Buch eingetragen. Er hat gesagt, ich brauche neue Hosen und neue Socken, und ich muss das Schulgeld mitbringen.«

Christine legt den Arm um Dennis' Schulter. »Ich werde mit deiner Tante sprechen und sehen, was ich tun kann. Besuchst du mich später, wenn du deine Hausaufgaben gemacht hast?« Sie sieht ihn an, den Kopf leicht geneigt.

Doch Dennis schaut geradeaus. Er will nicht weinen. Er nickt. Dann löst er sich aus Christines Umarmung und geht, die Schultern hochgezogen und leicht schlurfend, an den Betten entlang zur Tür, hinaus und die Stufen hinab, über das trockene Gras nach Hause.

An einem Morgen, an dem der Himmel weiß ist wie Milch, macht sich Christine auf den Weg zu Miriams Haus. Nachbarn haben erzählt, dass Miriam seit Tagen wie gelähmt im Dunkel ihres Wohnzimmers sitze, nicht ausgehe, mit niemandem spreche, nicht einmal mit ihren eigenen Kindern.

Christine stoppt vor der Klinik ein Fahrradtaxi und lässt sich zur Hauptstraße bringen. Dort nimmt sie ein Mopedtaxi in den nächsten Ort, wo sie sich mit anderen Reisenden in ein Sammeltaxi zwängt, einen weißen Kleinbus, der in die Stadt fährt. Als sie nach einer Dreiviertelstunde die ersten Außenbezirke erreichen, bedeutet Christine dem Fahrer zu halten. An einer Wellblechhütte, in der zwei Männer Telefonkarten verkaufen, steigt sie aus. Inzwischen ist der Himmel aufgeklart, und Christine geht zu Fuß über Straßen und Wege, deren rote Erde in der Sonne leuchtet, vorbei an Bananenstauden, Maisfeldern und Jackfruchtbäumen.

Das Haus, in dem Miriam mit ihrer Familie wohnt,

liegt am Rand eines Ananasfeldes. Spitze, harte Blätter sprießen aus dem Boden, und dazwischen kann Christine einzelne reife Früchte entdecken. Sie überlegt kurz, eine zu pflücken, beschließt aber, zuerst nach Miriam zu sehen. Die Tür steht offen, und Christine tritt ein. Drinnen ist es schummerig. Niemand ist zu Hause – nur Miriam sitzt in dem einzigen Raum auf einer Grasmatte am Boden. Es riecht nach Staub, und auf einem kleinen Tisch steht ein leerer Wasserkanister. An der Wand gegenüber der Tür lehnt ein abgestoßenes Regal, darauf steht ein Fernsehapparat, geschmückt mit weißen Häkeldeckchen. Über dem Fernsehapparat hängen Herz-Jesu-Bilder.

»Hallo, Miriam.« Christine schlüpft aus ihren Sandalen.

Miriam sitzt unbeweglich da. Als warte sie auf etwas.

Sie wartet auf den Tod, denkt Christine und legt ihre Handtasche auf den Tisch. Sie hat solche Gespräche schon öfter geführt, dennoch fällt es ihr jedes Mal schwer, einen Anfang zu finden. Sie weiß, dass manche HIV-positive Menschen so verzweifelt sind, dass sie sich das Leben nehmen.

»Wie geht es dir, Miriam?«

»Gut.« Es ist nur ein Flüstern.

Christine setzt sich neben sie. Sie schaut sie an; ihr Gesicht ist immer noch von dem Schock und dem Schmerz gezeichnet. Christine greift nach Miriams Hand. »Ich habe gehört, dass es dir schlecht geht, darum möchte ich mit dir reden. Ich weiß, du denkst, du wirst bald sterben – doch das stimmt nicht. Du wirst Medikamente bekommen. Wir werden dich beraten und unterstützen, und all das ist kostenlos. Du musst dir keine Sorgen machen.«

Eine Ziege meckert, eine zweite fällt ein, dann eine dritte. Miriam hört es nicht. Sie spürt auch nicht, dass Christine ihre Hand hält. Stumm und apathisch, mit herabhängenden Schultern sitzt sie da. Der Baobab-Baum wurde gefällt, denkt Christine. Ihr Blick geht zur Tür. Draußen liegen die Stufen zum Haus im Sonnenlicht.

»Mir ging es wie dir«, sagt Christine nach einer Weile. »Als ich erfahren habe, dass ich HIV-positiv bin, wurde die Welt dunkel. Als wären alle Lampen auf einmal erloschen, weil es plötzlich nirgendwo mehr Öl für sie gab. Ich habe mich zurückgezogen, wollte keinen Menschen sehen, nicht einmal meine Kinder. Ich rechnete jeden Tag damit zu sterben. Und ständig fragte ich mich: Wieso ich? Ich war immer ein anständiges Mädchen gewesen, ich kam aus einer guten Familie. Wieso also hatte ich mich infiziert? Wie konnte das sein? Und wie kann Gott zulassen, dass ich sterben muss – so jung?«

Christine bemerkt, dass sie Miriams Hand heftig drückt und lockert ihren Griff.

»Ich habe mir immer wieder dieselben Fragen gestellt. Ich konnte nicht glauben, dass ich HIV-positiv bin. Es war eine furchtbare Zeit. Jeden Morgen, wenn ich aufwachte, wünschte ich, dass es bald Abend würde und ich wieder schlafen konnte. Aber irgendwann wurde ich wütend, ich wurde unsagbar wütend auf meinen Mann. Er war in die Stadt gegangen, um Arbeit zu suchen, und hatte dort andere Frauen getroffen. Er hatte sich angesteckt, und …« Christine macht eine kurze Pause. »… und er hat mich angesteckt.« Sie verstummt.

Irgendwann fügt sie hinzu: »So ist es fast immer.« Eine Weile hängt Christine ihren eigenen Gedanken nach.

»Aber schließlich habe ich mich darauf besonnen, dass ich Mutter bin. Meine Kinder brauchten mich! Der Gedanke an sie hat mir geholfen, aus der Depression herauszufinden.« Sie lässt Miriams Hand los. »Es fiel mir sehr schwer zu akzeptieren, dass ich HIV-positiv bin, denn ich hatte große Angst vor dieser Krankheit, vor den Schmerzen, die sie bringen würde. Ich hatte Angst zu sterben. Aber am meisten fürchtete ich mich davor, meine Kinder zu verlassen. Meine Vivian – sie war doch erst zehn!«

Christine richtet sich auf. Sie sieht Miriams Hände, die ohne Kraft in ihrem Schoß liegen. »Hörst du mich, Miriam?«

Miriams Gesicht zeigt keine Regung. Irgendwann rinnt eine Träne über ihre Wange, und Christine weiß, dass Miriam ihr zugehört hat.

Christine steht auf. »Ich habe mein Leben wieder in die Hand genommen, und darüber bin ich froh«, sagt sie und baut sich vor Miriam auf. »Und du wirst genau das Gleiche tun, hörst du? Deine Kinder brauchen dich. Du kannst sie nicht allein lassen. Der Tod wird eines Tages kommen – aber bis dahin lebst du!« Fest, geradezu unerschütterlich steht Christine im Raum. »Hast du mich verstanden, Miriam?«

Miriams Lippen zittern. Sie antwortet nicht.

Christine geht zum einzigen Fenster, zieht die Gardine zur Seite und lässt Licht herein. Aus einer Kanne gießt sie Wasser in zwei Gläser und reicht eines Miriam. Dann geht sie hinaus aufs Feld und pflückt eine Ananas. Als sie wieder ins Haus tritt, sitzt Miriam unverändert am Boden; doch das Wasserglas ist leer. Christine schält die Ananas und reicht Miriam eine Scheibe. Miriam schüttelt kaum merklich den Kopf. Christine beißt in das frische, feste Fleisch der Frucht. Dann stülpt sie einen Deckel über den Teller mit den aufgeschnittenen Scheiben und stellt ihn auf den Tisch. So werden die Kinder später etwas zu essen haben.

Bevor sie geht, dreht sich Christine um und sagt: »Ich werde wiederkommen, Miriam. So lange, bis du aufhörst, hier herumzusitzen und auf den Tod zu warten.«

Am Abend stehen Dennis und seine Schwester vor dem Haus und putzen ihre Zähne. Aus der Dunkelheit kommen Geräusche, und das kleine Mädchen schaut ängstlich zu seinem Bruder. Dennis sagt: »Putz deine Zähne.« Zahnpasta tropft von seinen Lippen.

Nebenan hören die Geschwister Stimmen. Seit dem Tod der Eltern wohnt noch eine Familie in dem zweiten Zimmer des kleinen Lehmziegelhauses. Dennis hört den Mann etwas sagen. Er hört auch die Frau, sie erzählt ein Märchen. Dennis kennt es; seine Mutter hat es ihm erzählt, wenn er traurig war.

»Putz deine Zähne, Chrissi.«

Stumm bewegt sie ihre Zahnbürste. Dennis fühlt sich müde und schwer. Abends vor dem Schlafengehen vermisst er seine Mutter am meisten.

Der Nachbar ruft seine Kinder, und seine Frau lacht. Von einem Baum erhebt sich ein Reiher. Chrissi geht ins Haus. Es war Christine, die der fremden Familie die Hälfte des Hauses überlassen hat. Von der Miete bezahlt Dennis das Schulgeld, vom Rest kauft er Bohnen, Hirse und Reis. Manchmal reicht das Geld nicht; wenn sie selbst genug hat, hilft ihm seine Tante.

Dennis nimmt den Wasserkanister und die kleine Schüssel und trägt die Sachen ins Haus. Chrissi liegt bereits im Bett. Im schwachen Licht der Öllampe sieht er, dass sie sich die Decke über den Kopf gezogen hat. Damit er sie sucht, wie die Mutter, die sich abends immer wunderte und fragte: Wo ist bloß meine Chrissi?

Dennis schließt die Tür.

Er zieht sein blaues Hemd aus und die dunkle Hose und legt sich zu Chrissi ins Bett. Nach einer Weile hört er ihren Atem, ruhig und regelmäßig. Sie ist eingeschlafen, ohne dass sie das Wo-ist-bloß-meine-Chrissi-Spiel gespielt haben.

Dennis' Blick wandert durch den Raum. An der Wand lehnt das alte Fahrrad seiner Mutter. Sie hatte es von dem Geld erstanden, das sie mit dem Verkauf von Süßkartoffeln und Kochbananen erlöst hatte. Als die Krankheit ihren Körper schon mager und schwach gemacht hatte, nahm sie das Rad, um Wasser vom Brunnen zu holen. Irgendwann war das Fahrrad kaputt, und die Reparatur kostete mehr Geld, als die Mutter aufbringen konnte. Doch irgendwie gelang es ihr, es zu reparieren.

Dennis steht auf und holt sein Memory Book. *Ich bin bei euch, meine Kinder*, hat seine Mutter mit ungelenker Hand geschrieben. *Denkt nicht, ich werde morgen schon gehen.* Er starrt auf das Foto, auf dem seine Mutter mit ihm im Schatten unter dem Mangobaum sitzt. Sie lächelt und hat ihren Arm um Dennis gelegt. Sie sieht stolz und glücklich aus. Dennis weiß noch, dass sie anschließend eine Mango gepflückt und geschält haben. Er spürt noch immer, wie seine Mutter ihm Fruchtstückchen in den Mund schiebt und seine vom Saft klebrigen Finger ableckt.

Dennis klappt das Memory Book zu.

Er will nicht weinen, und darum zieht er das Kofferradio unterm Bett hervor. Es hat einmal seinem Vater gehört; nun ist es seins. Er dreht die Lautstärke herunter, schaltet es ein und schlüpft wieder unter die Decke.

»Willkommen zu einer neuen, spannenden Sendung«, sagt Robert Mukasa, der Moderator bei *Straight Talk Radio*. »Leute, ich freue mich, dass ihr dabei seid!«

Dann spielt Robert Musik, ein Lied, das Dennis gern hört, und er wiegt sich leise im Takt.

»Hört mal her«, fährt Robert Mukasa fort, als das Lied zu Ende ist. »Den Jugendlichen, die jetzt vorm Radio sitzen, will ich etwas sagen: Ob ihr Aids bekommt oder nicht – das liegt an euch!« Dennis dreht ein bisschen lauter. »Was ich meine? Also, wenn wir das HI-Virus stoppen wollen, dann müssen wir alle unser Verhalten ändern. Und darum werden wir heute Abend in dieser Sendung mit einem jungen Mädchen diskutieren, das HIV-positiv ist …«

Draußen stimmen die Tiere ihr Nachtkonzert an, als Dennis endlich einschläft.

Zwei

An einem Nachmittag im Spätsommer 2004 ging ich in München in eine Buchhandlung. Ich stöberte herum, ein wenig ziellos, und kaufte an der Kasse schließlich eine Postkarte. Dabei fiel mein Blick auf ein Buch. Ein schwarzes Kindergesicht sah mich an, ein Mädchen, das einen geflochtenen Blütenkranz im Haar trug und ernst und etwas skeptisch in die Kamera schaute. *Ich sterbe, aber die Erinnerung lebt* stand in leuchtend hellen Lettern auf dem Einband. Das Buch war von Henning Mankell.

Ich bezahlte meine Postkarte und verließ die Buchhandlung. Das Bild des Mädchens aber blieb mir im Gedächtnis.

Im Herbst fuhr ich zu einem Literaturfestival nach Berlin. Ich hatte einen Film über den Völkermord in Ruanda gedreht, der zehn Jahre nach dem Genozid im Fernsehen ausgestrahlt und mit großem Interesse aufgenommen wurde. Da mich ein Fotograf bei den Recherchen begleitet hatte, spielten wir mit dem Gedanken, einen Fotoband herauszubringen. Auf dem Literaturfestival wollten wir Kontakte knüpfen.

Durch Zufall landeten wir in einer Lesung mit Henning Mankell.

Es war eben jenes Buch, das ich in der Buchhandlung gesehen hatte, aus dem Mankell in einem überfüllten Saal der Berliner Kongresshalle las. Er berichtete von einer Reise nach Uganda, während der er Aida kennengelernt hatte. Aidas Mutter war HIV-positiv – wie viele Menschen, denen Mankell in Uganda begegnete. Einige, wie Aidas Mutter, schrieben Memory Books für ihre Kinder.

Mankell saß mit Elke Heidenreich auf dem Podium, die die deutschen Passagen vorlas und die mich mit ihrer Intensität erreichte. Damals habe ich mir ihre Sätze notiert: »Die Memory Books sind die Urform des Erzählens, eine ganz besondere Art von Literatur, wie wir sie bisher nicht kannten. Sie zeigen den entwurzelten Kindern, wo sie herkommen. Sinnvoller kann Literatur nicht sein.«

Erinnerungsbücher. Schriften im Angesicht des Todes über den Tod und das Leben. Es waren nicht nur die Worte, die mich berührten. Es war der Gedanke an Kinder, die ihre Eltern verloren hatten. Und es war das Wissen darum, dass Henning Mankells Leben von einem ähnlichen Verlust geprägt worden war; seine Mutter hatte die Familie verlassen, als er ein Jahr alt war. Davon wusste ich, seit ich sein Buch *Der Chronist der Winde* gelesen hatte. Es erzählt die Geschichte des Straßenjungen Nelio, der mit schweren Schusswunden auf dem Dach eines ärmlichen Theaters liegt. Er weiß, dass er sterben wird, und erzählt zwischen Fieberschüben, die ihn schütteln, einem anderen Jungen sein Leben: Wie Banditen sein Dorf niederbrannten und seine Schwester töteten, wie er floh, als sie ihn zwingen wollten, einen Verwandten zu erschießen, und wie er schließlich in der Stadt landete und zum Anführer einer Gruppe Straßenkinder wurde. Niemand hatte je gewagt, ihn zu verprügeln; und nie hatte Nelio zugelassen, dass unter seiner Führung gestohlen wurde. Dieser Junge besaß eine Reife und Weisheit, die ihm stets halfen, auch in schwierigsten Situationen zurechtzukommen, und die mich tief beeindruckten. Damals hatte ich erwogen, einen Dokumentarfilm über Henning Mankell zu drehen.

Nun saß ich in dem überfüllten Saal und hörte zu. Dabei geschah etwas Seltsames. Während Mankell auf der Bühne von sterbenden Eltern und zurückbleibenden Kinder sprach, lag etwas ungeheuer Lebendiges im Raum. Ich hatte so etwas schon einmal erlebt, während der Dreharbeiten in Ruanda. Dort, wo Hutu und Tutsi sich zu Hunderttausenden abgeschlachtet hatten, wo Männern, Frauen und Kindern Arme und Beine abgehackt, ihre Schädel von Machetenhieben gezeichnet worden waren und Blicke ahnen ließen, in welche Abgründe diese Menschen geblickt hatten, war ich eines Sonntags in einen Gottesdienst geraten. Die meisten der Anwesenden waren Frauen, die miteinander sangen und beteten. Je länger ich ihnen zuschaute, desto stärker spürte ich Kraft und einen ungeheuren Willen zu leben. In einem Moment, in dem ich angesichts des allgegenwärtigen Grauens an der Menschheit zweifelte, in dem ich mich fragte, wie Menschen einander solche Gräuel zufügen und wie sie mit dem, was sie erlebt hatten, weiter existieren konnten, spürte ich Hoffnung. Ich war so überwältigt, dass ich weinte. Ich verstand, dass dort, wo Elend und Tod herrschten und Dinge geschahen, schlimmer als alles, was wir kannten und uns vorstellen konnten, auch der Wunsch zu verzeihen und zu leben wurzelte.

»Wir wissen alles darüber, wie Afrika stirbt, aber nichts darüber, wie Afrika lebt.« Vielleicht war es am Ende dieser Satz Henning Mankells, der mich packte und nicht mehr losließ.

Nirgendwo ist die Immunschwächekrankheit Aids so verbreitet wie in Afrika, in den Ländern südlich der Sahara. Rund 25 Millionen Menschen zwischen dem Mount-Kenia-Massiv und dem Kap der Guten Hoffnung sind derzeit mit dem HI-Virus infiziert, schätzen Vereinte Nationen und Weltgesundheitsorganisation, über zwei Millionen Männer, Frauen und Kinder sind bereits an ihm gestorben. Nur rund zwölf Prozent der Weltbevölkerung leben südlich der Sahara – doch zwei Drittel aller HIV-Infizierten sind hier zu Hause. Die durchschnittliche Lebenserwartung der Menschen liegt in einzelnen Ländern bei 37 Jahren, so die Deutsche Stiftung Weltbevölkerung. Zählte man alle Kriegstoten des schwarzen Kontinents zusammen – die Zahl der Aidstoten wäre um ein Vielfaches höher.

Und das Sterben hat erst begonnen.

Ich war wie erschlagen von den Zahlen, als ich zu

recherchieren begann. Ich versuchte mir vorzustellen, dass jeder einzelne Tote in den Statistiken ein Mensch war, der Ehepartner, Kinder, Eltern, Geschwister, Nichten, Neffen, Cousinen und Cousins, Tanten und Onkel hinterließ. Es überstieg mein Vorstellungsvermögen.

Uganda war eines der Länder, in dem die Immunschwächekrankheit früh entdeckt wurde. 2002 schätzte das ugandische Gesundheitsministerium, dass 940 000 Ugander an Aids gestorben waren; diese Schätzung war vage, ihr lag keine flächendeckende statistische Erhebung zugrunde. Weltgesundheitsorganisation, UNICEF und UNAIDS gingen drei Jahre später bereits davon aus, dass eine Million Menschen mit dem HI-Virus infiziert waren. Eine Million Kinder hatten Mutter, Vater oder beide Eltern durch die Immunschwächekrankheit verloren. Im Jahr 2010 würden laut UNICEF voraussichtlich 2,5 Millionen Kinder in Uganda und 18 Millionen Kinder in den Ländern südlich der Sahara Aidswaisen sein. Weltweit würden – wenn nichts Entscheidendes geschah, um die Ausbreitung des Virus zu verhindern – 30 Millionen Kinder ihre Eltern durch Aids verlieren, warnte die US-amerikanische Behörde für Internationale Entwicklung.

Fast eine ganze Generation starb.

Wie verkrafteten es Gesellschaften, wenn so viele Kinder elternlos aufwuchsen? Wie würden die Länder aussehen, wenn diese Kinder erwachsen wären? Ich dachte an meine eigenen Söhne. Sie waren behütet, in Sicherheit und weitgehend sorglos aufgewachsen, in einem Land, in dem es relativ selbstverständlich war, dass Kinder genug zu essen bekamen, Kleidung und Spielzeug hatten, zur Schule gingen, eine Ausbildung machen oder ein Studium absolvieren konnten, um später ihren eigenen Kindern einen guten Start ins Leben zu ermöglichen. Das Virus konnte jeden befallen, der sich nicht schützte; doch die Konsequenzen hingen entscheidend davon ab, wo die Menschen lebten und wie sie aufwuchsen.

Uganda, las ich weiter, war auch das Land, das am entschiedensten gegen das Virus und seine Folgen vorging. Einige der versiertesten afrikanischen Aidsmediziner arbeiteten in Uganda. Es gab viel beachtete Präventionsprogramme, landesweite Aufklärungskampagnen, ein Netz von Hilfseinrichtungen und Selbsthilfegruppen. 1992 setzte das Parlament die *Uganda Aids Commission* ein und unterstellte sie dem Büro von Präsident Yoweri Museveni. Die Kommissionsmitglieder, Vertreter aus Regierung und Nichtregierungsorganisationen, sollten den Kampf gegen die Immunschwächekrankheit planen und koordinieren. In den 90er-Jahren gelang es, die Zahl der Neuinfektionen zu senken. Allerdings, berichteten Hilfsorganisationen, herrschte akuter Ärztemangel, und allenfalls die Hälfte der Ugander hatte Zugang zu angemessener medizinischer Versorgung. Teure Medikamente konnten sich die wenigsten leisten.

Und so ging das Sterben weiter.

Die Krankheit zerstörte Familien. Traditionell wurden Kinder der Verstorbenen von Hinterbliebenen aufgenommen. Doch das Virus tötete auch Tanten und Onkel. Oft blieben nur die Großeltern; sie kümmerten sich um ihre Enkel, bis auch sie starben. Spätestens dann musste das älteste Waisenkind für seine Geschwister sorgen.

Das Schlimmste an dieser Pandemie, dachte ich, waren nicht die Toten, sondern die Lebenden, die sie hinterließ.

Doch war es auch in Uganda, dass Eltern begannen, ihren Kindern mehr als ein bisschen Geld und Hausrat zu hinterlassen. Obwohl sie es gewohnt waren, Überlieferungen mündlich weiterzugeben, und viele unter ihnen nicht einmal lesen und schreiben konnten, begannen sie, die Geschichte ihres Lebens für ihre Töchter und Söhne aufzuschreiben. Sie schrieben ihr Vermächtnis: ein Memory Book.

Wie im Fernseh- und Filmgeschäft üblich, schrieb ich nach den Recherchen ein Exposé und verschickte es an Redaktionen, mit denen ich seit Jahren zusammenarbeitete: ARTE, 3sat, ZDF sowie verschiedene ARD-Anstalten.

Die ersten Absagen kamen bald; sie konnten meinen Elan nicht bremsen. Eine Absage ist nichts Ungewöhnliches, die Konkurrenz im Fernsehgeschäft groß, das Themenangebot enorm. Man braucht Durchhaltevermögen und Selbstvertrauen. Eher war es bemerkenswert, dass ich überhaupt Antwort bekam. Oft kommt nicht einmal eine höfliche Absage, doch nun schrieben alle: »großartiges Thema«, »bleiben Sie dran«, »geben Sie nicht auf«. Ein paar Redakteure riefen sogar an. Nur hatte niemand Geld und einen Sendeplatz, um den Film zu produzieren und auszustrahlen.

Andere Redaktionen winkten ab. Afrika? Aids? Nicht schon wieder!

Ich verschickte weiter Exposés. Doch nach einigen Wochen machten mich die Ablehnungen mürbe. Die Memory Books waren ein gutes Thema. Außerdem hatte mein Film über den Völkermord in Ruanda viel Beachtung und einige Lorbeeren eingebracht. Warum sollte ich nicht einen weiteren Film in Afrika drehen?

Eine Freundin lud mich ins Kino ein. Ich hatte wenig Lust, mir Filme anderer Leute anzusehen, ich wollte selbst einen machen. Doch sie ließ nicht locker. Wir sahen uns *Rhythm is it!* an. 250 Berliner Jugendliche aus 25 Nationen, aufgewachsen in sozialen Brennpunkten und ohne jede Erfahrung mit klassischer Musik, hatten mit den Berliner Philharmonikern und ihrem Chefdirigenten Sir Simon Rattle sowie dem Tanzpädagogen Royston Maldoom Igor Strawinskys *Le sacre du printemps* auf die Bühne gebracht. Zwei Dokumentarfilmer hatten die Proben begleitet und Bühnenszenen, Bilder der Stadt und Beobachtungen aus dem Leben der Mädchen und Jungen so geschickt verknüpft, dass man unweigerlich mitgerissen wurde. Atemlos sah ich zu, wie sich die Jugendlichen von der für sie so fremden Musik aus ihrem Alltag ziehen ließen, wie sie über sich selbst hinauswuchsen und erlebten, wozu sie wirklich fähig waren.

Als wir das Kino verließen, sagte ich: »Das kann ich auch.« Plötzlich war ich die Absagen, die sich auf meinem Schreibtisch stapelten, satt. Gleichzeitig wusste ich, dass ich dieses Thema nicht loslassen würde. Wenn also alle Fernsehredaktionen ablehnten, würde ich eine Filmproduktionsfirma suchen und einen Dokumentarfilm fürs Kino drehen. Jetzt erst recht!

In den folgenden Tagen telefonierte ich mit Kollegen und Bekannten. Ich hörte mich um, ließ mir Produzenten empfehlen, sammelte Adressen. Und verschickte wieder Exposés.

Zuerst rief ich die Produktionsfirma an, die *Rhythm is it!* produziert hatte. Man fragte, ob ich mir im Klaren darüber sei, dass es ausgesprochen schwierig sei, einen 90-minütigen Dokumentarfilm fürs Kino zu drehen. Außerdem wolle nach dem Erfolg dieses Films alle Welt mit ihrer Firma zusammenarbeiten. Ich bedankte mich und legte auf.

Der nächste Produzent, mit dem ich Kontakt aufnahm, saß wenige Tage später bei mir zu Hause am Tisch. Er war begeistert, erklärte mir, wie wir vorgehen würden und wo überall er Fördergelder beantragen würde.

Kaum war er fort, rief ein anderer Produzent an. Mit Jörg Bundschuh hatte ich Wochen zuvor schon einmal telefoniert, nun verabredeten wir uns.

Wir haben an jenem Nachmittag keinen Vertrag geschlossen, nicht einmal einen Vorvertrag, wir sind ohne eine schriftliche Abmachung auseinandergegangen. Doch das Okay eines Produzenten bedeutet in der Filmbranche sehr viel. Einen Kinofilm zu machen kostet viel Geld. Ein Produzent hilft einem Filmemacher, sein Projekt zu realisieren, indem er Gelder beschafft, Filmförderfonds kontaktiert und Koproduzenten sucht, die sich ebenfalls an der Finanzierung beteiligen. Mit dieser Unterstützung würde ich meinen Film über die Memory Books drehen können.

Wir besprachen Details, und während wir redeten, sah ich aus dem Fenster. Das Büro hatte einen herrlichen Blick über die Dächer der Münchner Altstadt. Über die roten Ziegel, zwischen Schornsteinen hindurch, sah ich einen Mann laufen. Es war ein Schornsteinfeger!

So stapfte ich im Dezember 2004 mit nichts in den Händen und voller Freude durch die verschneiten Straßen nach Hause.

Drei

Hintereinander, einer Kolonne gleich, gehen sie den Weg entlang zu den Feldern. Die Erde glänzt feucht und braun wie Kakao, und die Luft ist kühl. Der Himmel leuchtet wie eine Plumbagoblüte.

Schnurgerade verläuft der Weg zwischen den Büschen entlang. Ein Lastwagen hat Reifenspuren in die Erde gegraben, tiefe Furchen, über die die Kinder springen. Lucy, Bettys jüngste Tochter, läuft voraus. Bettys Bruder treibt eine Kuh vor sich her. Antony, Bettys Sohn, und seine Cousins machen sich einen Spaß daraus, die Kuh am Schwanz zu ziehen. Betty und die Tante lachen und ermahnen die Kinder.

Das Land ist weit und flach, und in der Ferne liegt blau und still ein See. Betty spürt die Krume unter ihren Fußsohlen, spürt, wie die kleineren Klumpen unter ihren Schritten zerbröseln. Sie und die Tante tragen Hacken, Antony hat einen Sack auf seinen Rücken gebunden, in dem sie Kochbananen sammeln werden. Betty geht ruhig und gleichmäßig, einem Rhythmus folgend, den nur sie hört. Sie liebt diese frühen Morgenstunden, in denen die Luft rein und frisch ist wie Flusswasser.

Die Tante stimmt ein Lied an, und Betty fällt ein. Bald hört sie auch die tiefe, raue Stimme ihres Bruders. Mit einem Maisstängel schlägt er den Takt in leichten Hieben auf den Rücken der Kuh.

Irgendwann biegen sie ab und nehmen einen schmalen Pfad. Als sie die Felder erreichen, sind die Hütten, in denen sie wohnen, nur noch Punkte am Horizont. Bettys Bruder treibt die Kuh, die störrisch bei jedem Grasbüschel stehen bleibt, in den Schatten unter einer Schirmakazie. Dort lässt er das Tier weiden.

Betty und die Tante beginnen, den Boden zu hacken. Die Tante trägt ein zerschlissenes grünes Kleid und hat ein lila Tuch um den Kopf gebunden. Sie ist groß und dünn. Bevor es zu regnen begann, hatten sie kaum noch Hirse, Maniok und Bohnen. Nur einmal am Tag haben sie gegessen. Die Kinder gingen morgens hungrig zur Schule. Nun, da es geregnet hat, wachsen Mais, Getreide, Bananen und Süßkartoffeln wieder, und sie können ihre Felder bewirtschaften und das Vieh zum Weiden treiben. Die Frauen in Bettys Familie arbeiten oft auf den Feldern. Seit die Krankheit so viele Männer getötet hat, müssen sie säen und jäten und hacken und ernten. Sie verkaufen, was sie nicht selbst brauchen, auf dem Markt. Sie kochen und waschen und kümmern sich um die Kinder. Die Tage sind lang und hart geworden. Es ist schon vorgekommen, dass sie es nicht geschafft haben, rechtzeitig zu säen. Im Jahr zuvor, nachdem zwei Cousins und der Mann der Tante gestorben waren, ist Betty allein mit den Kindern aufs Feld gegangen, um Süßkartoffeln und Bohnen auszubringen, doch die Kleinsten stellten sich ungeschickt an, und so vertrocknete ein Teil in der Sonne.

Ein Bauer treibt Rinder vor sich her, und ein paar Kinder in Schuluniformen laufen vorbei. Der Nachbar winkt, und Bettys Bruder ruft ihm etwas zu. Manchmal, wenn Nachbarn Feldarbeiter suchen, verdient Betty etwas Geld, und die Kinder hüten Kühe und helfen, Holzkohle zu machen. So können sie Reis kaufen und die Schulgebühren bezahlen.

Betty holt aus und schlägt die Hacke in die braunen Erdschollen. Zweige, Unkraut und vertrocknete Wurzeln schlingen sich um die Triebe und Blätter. Betty zerrt daran, klaubt die Süßkartoffeln heraus. Sie sieht, wie die Tante niederkniet und Bohnen pflückt. Sie ruft Antony, der mit einem Stock hinter Lucy herläuft – doch das Mädchen rennt wie ein Gazellenjunges, auf dünnen, flinken Beinen; seine Zöpfe wippen, und Antony gibt auf. Gemächlich stapft er zur Tante hinüber. Viele Frauen und Männer in Bettys Familie sind schon gestorben. Anfangs heirateten die Brüder der Toten die Witwen, doch dann starben auch sie, und die Frauen waren wieder allein mit ihren Kindern. Inzwischen bleiben sie unter sich. Sie helfen einander, wo sie können.

Am Himmel steigt die Sonne langsam höher.

Die Luft beginnt bereits, die Erde wieder auszutrocknen, Betty spürt es unter ihren Fingern. Die Hacke liegt schwer in ihrer Hand. Sie richtet sich auf. Die Tante singt ein altes Lied und bindet ein Tuch voller Bohnen auf ihren Rücken. Antonys Sack ist prall von Maiskolben und Kochbananen. Betty klaubt die Kartoffeln zusammen und füllt sie in einen Korb. Sie lächelt; es ist ein weiches, schmerzliches, unergründliches Lächeln. Sie stützt sich auf die Hacke, und ihr Blick wandert über die grüne Landschaft, zu dem fernen See. Heute Abend werden sie Kochbananen schälen und *Matoke* kochen, und sie werden *Posho* bereiten, dicken, heißen Maisbrei. Sie werden Bohnen dazu essen und Soße, und es werden alle zusammensitzen auf dem Platz zwischen den Hütten, und später werden sie singen und tanzen.

Es ist später Vormittag, die Sonne groß und gelb wie ein Kürbis, als der Lehrer vor der Klasse auf- und abgeht. Temperamentvoll redet er auf die Kinder ein, seine Hände gestikulieren. An der Tafel stehen Sätze, die die Kinder am Tag zuvor abschreiben mussten: *Mein Vater ging um acht Uhr morgens zur Arbeit. Jetzt ist es fünf Uhr nachmittags, und ich bin noch in der Schule.*

Heute erzählt der Lehrer ein Märchen. »Es war einmal eine Ratte ...«, sagt er und formt mit den Händen eine Ratte. »Die Ratte traf eines Tages eine Fledermaus ...« Der Lehrer flattert mit den Armen wie eine Fledermaus. Dennis und die anderen Kinder sitzen in ihren Holzbänken und lachen.

»Die Ratte und die Fledermaus gingen auf den Markt und kauften eine Kuh.« Die Kleinen kichern. Ein paar von den Älteren lehnen sich zurück. Sie tragen weiße Hemden; die anderen Schüler tragen blaue Hemden, auch Dennis. Nur der Lehrer trägt ein graues T-Shirt von einer amerikanischen Sportwarenfirma.

»Dennis, sag uns, ob eine Fledermaus ein Vogel oder ein Säugetier ist.«

Dennis steht auf und antwortet: »Eine Fledermaus ist ein Vogel.«

Der Lehrer wendet sich der Klasse zu. »Dennis sagt, eine Fledermaus ist ein Vogel. Stimmt das?«

»Ja, sie ist ein Vogel«, sagt ein Junge.

»Nein, sie ist ein Säugetier«, sagt ein Mädchen.

»Richtig. Fledermäuse sind Säugetiere.«

Dennis setzt sich wieder hin.

»Als die Tiere den Markt verließen«, fährt der Lehrer fort und hebt seine Stimme, »da zog plötzlich ein Gewitter auf. Es donnerte und blitzte, der Himmel wurde dunkel, und es stürmte – und plötzlich war die Kuh weg!«

Ein sehr kleiner Junge, er ist erst fünf, fragt: »Wo ist die Kuh?«

Ein Mädchen sagt: »Pssst …« Sonne fällt durch die Fenster.

Der Lehrer fährt fort: »Die Fledermaus sagte: ›Der Himmel hat die Kuh verschlungen. Ich habe den Blitz gesehen, und dann war die Kuh fort – sie ist jetzt im Himmel. Darum werde ich nie wieder in meinem Leben zum Himmel hinaufschauen.‹«

Der kleine Junge kichert. Dennis überlegt, wie eine Fledermaus fliegt, ohne ihren Blick zum Himmel zu richten.

»Die Ratte sagte: ›Nein, die Straße hat die Kuh gefressen. Ich werde nie wieder in meinem Leben eine Straße überqueren, und wenn ich es doch tue, will ich sterben.‹«

Dennis mag Märchen. Aber er fragt sich, was das soll, wenn eine Fledermaus nicht mehr fliegen und eine Ratte nicht mehr über Straßen und Wege rennen darf.

»Was können wir aus diesem Märchen lernen?«, fragt der Lehrer und bleibt vor der vordersten Bankreihe stehen. »Dennis!«

Dennis hätte jetzt lieber Mathematik. Er steht auf und sagt: »Verantwortung.«

Ein großer Junge, seine Haare sind ganz kurz geschnitten wie bei allen Schulkindern, hustet, und auf der anderen Seite vom Mittelgang starrt Chrissi traurig auf den Boden. Neben ihr sitzt ein Mädchen und kaut auf seinem Stift; nicht alle Kinder besitzen Stifte, Bücher und Hefte.

»Richtig, das Märchen zeigt uns, dass wir für die Dinge, die wir besitzen, verantwortlich sind. Wir müssen sorgsam mit ihnen umgehen und auf sie aufpassen.« Der Lehrer geht wieder vor der Tafel auf und ab und gestikuliert mit den Armen, doch seine Stimme ahmt jetzt nicht mehr die Kuh und die Ratte und die Fledermaus nach.

Dennis setzt sich. Er mag keine Fledermäuse. Sie hängen in Affenbrot-Bäumen, und sobald sie aufsteigen, ist der Himmel dunkel, und die Tiere schrillen und fiepen, dass es Dennis in den Ohren schmerzt. Er ist froh, als kurz vor der Pause alle Schüler aufstehen und ein Lied singen. Der Lehrer klatscht, ein paar Mädchen und Jungen fallen ein, und bald wiegen alle Kinder in dem überfüllten Raum ihre Körper im Rhythmus der Musik; es ist, als würde Wind durch ein Maisfeld wogen.

»Ohhh …«, singt der Lehrer.

»Ohhh …«, antwortet die Klasse.

»Oh, Aids ist ein gefährlicher Killer und gnadenlos.« Der Lehrer nimmt eine Djembe und trommelt.

»Oh, Aids lässt Junge und Alte trauern«, singt Dennis und denkt an seine Eltern.

»Ohhh …«, ruft der Lehrer.

»Oh, Aids hat uns unsere Väter und Mütter genommen, unsere Onkel und Tanten, Brüder und Schwestern«, singen die Kinder.

Neben Dennis steht Eric und bewegt müde seine Schultern, seine Arme. Eric ist ein Jahr älter als Dennis. Sein Vater ist gestorben, seine Mutter hat die Familie verlassen, als Eric gerade geboren worden war. Er lebt bei seiner Großmutter, zusammen mit zwei Tanten, ihren Babys und seinem Cousin Julius; auch Julius' Eltern sind tot. Bevor Erics Vater krank wurde, hat er als Taxifahrer gearbeitet. Er hat seinem Sohn ein Fotoalbum hinterlassen. Die Großmutter hat es versteckt, weil sie nicht will, dass Eric so oft weint. Doch ein Foto ist herausgerutscht. Es zeigt Erics Vater vor dem Taxi – ein stattlicher Mann mit kurzem Haar und freundlichem Lächeln. Manchmal schauen Eric und Dennis das Bild an. Eric erzählt dann, dass sein Vater Geschenke mitbrachte, wenn er am Wochenende von der Arbeit nach Hause zu seiner Familie kam. Dennis sagt, dass sein Vater klug und gerecht war, auf die höchsten Bäume klettern konnte und, wenn er frei hatte, oft mit ihm angeln ging.

»Ohhh …«, singt der Lehrer.

»Ohhh …«, singt die Klasse und klatscht.

Dennis sieht sich um. Viele Kinder lachen. Doch er weiß, wie einsam sie sich fühlen. Er sieht es in ihren Augen. Manche haben noch beide Eltern, manche noch ihre Mutter, doch fast die Hälfte der Jungen und Mädchen sind Waisen. Dennis weiß, dass diejenigen, die morgens zu spät zur Schule kommen, ganz allein leben.

»Wir bitten alle …«, singt der Lehrer.

»Wir bitten alle, reicht uns die Hände und helft uns, Uganda von Aids zu befreien«, singt die Klasse.

Dennis klatscht. An manchen Tagen macht Musik ihn fröhlicher, an anderen umso trauriger. Er sieht zu seiner Schwester hinüber. Mit großen Augen erwidert Chrissi seinen Blick. Er nickt ihr zu.

Das Nachmittagslicht wirft lange Schatten auf den Fußboden, als Christine zum Krankensaal auf der Kinderstation geht. Der Fußboden ist glatt und kühl, und ihre schlurfenden Schritte hallen zwischen den Mauern wider. Ein Mann mit einem Kind auf dem Arm, eingehüllt in eine Wolldecke, eilt an ihr vorüber.

Im Krankensaal flirrt die Luft. Überall haben sich Familien niedergelassen. Sie haben Grasmatten zwischen den Betten ausgerollt und Obst und Bohnen und Reis mitgebracht und Wasser in gelben Kanistern. Sie sitzen im Halbkreis am Boden, richten sich ein, wo immer Platz ist. Frauen wiegen schlafende Kinder im Schoß. Eine Mutter wäscht ihren Säugling, eine andere wechselt ihrem Sohn den Verband.

Zwischen zwei Bettgestellen hockt eine Großmutter

mit ihren Enkelkindern; das eine Baby hat braune, das andere tiefschwarze Haut. Rechts neben der Frau liegt ein Koffer, aus dem Kleidungsstücke quellen, links steht Geschirr, eine Schüssel und zwei Becher aus Emaille. Die Frau hat ein Tuch um den Kopf geschlungen, leuchtend blau wie Morgenhimmel. Doch ihr Gesicht ist düster, der Blick schwer vor Sorge.

Christine geht zwischen den Bettreihen hindurch. Neben einem schlafenden Mädchen bleibt sie stehen, kontrolliert die Infusion, prüft den Sitz der Injektionsnadel. Sie macht Notizen in ihrem Buch, dann geht sie weiter.

In einem Bett am Fenster liegt eine Frau, ein Laken bedeckt ihren Körper. Sie ist im fünften Monat schwanger. Christine befestigt den Infusionsbeutel, den jemand am Fensterrahmen aufgehängt hat, an einem Nagel in der Wand und streicht der Patientin über die Hand. Die Frau zuckt unter der Berührung.

»Geht es heute etwas besser?«, fragt Christine. Die Frau atmet schwer. Sie antwortet nicht. Ihr Mann hockt auf einem Schemel neben dem Bett und starrt auf den Boden.

»Ich komme später noch einmal vorbei«, sagt Christine und öffnet das Fenster.

Christine geht weiter, zu einer Mutter, deren Kind starken Durchfall hat. Der Junge ist sechs, höchstens sieben Jahre alt. Der Arzt hat ihm eine Infusion am Hals gelegt, mit zwei weißen Pflasterstreifen ist der Schlauch auf der Wange des Jungen festgeklebt. Reglos und erschöpft liegt das Kind auf der dünnen Matratze, sein Blick geht ins Leere. Seine Mutter massiert sanft seinen Bauch. Christine misst Fieber und stellt fest, dass es gesunken ist.

»Aber mein Sohn will nichts trinken«, sagt die Mutter, eine schmale Frau mit ernstem Gesicht.

»Ich weiß nicht, wann der Arzt wieder kommt. Aber ich werde versuchen, ihn anzurufen. Im Moment kann ich nichts weiter tun. Wir haben keine Medikamente mehr gegen Diarrhö.« Am Morgen hatte eine Mutter ihrem malariakranken Kind, dem es von Tag zu Tag schlechter ging, weil auch die Malariatabletten ausgegangen waren, nach altem Brauch mit einem Messer in die Brust geschnitten, damit der böse Zauber verschwände.

»Ich habe auch gar kein Geld für Medikamente«, sagt die Frau leise. In ihren Augen erkennt Christine die Trauer einer Mutter, die weiß, dass ihr Kind sterben wird. Vom Nachbarbett aus schaut ein Mädchen, den mageren Körper gegen die Stäbe seines Bettgestells gelehnt, stumm herüber.

Christine geht weiter. Sie sucht die schwangere Frau, die bald entbinden wird, und findet sie auf einer Matte im Vorraum, wo die Hebamme ihren Bauch abtastet.

»Hallo, wie geht es?«, fragt Christine.

»Hallo«, antwortet die werdende Mutter. »Es geht mir gut.« Ihr Leib ist prall wie eine Jackfrucht.

»Liegt das Kind richtig?«

Die Hebamme antwortet nicht, nickt nur, während ihre Hände über den Bauch der jungen Frau gleiten. Dann nimmt sie ihr hölzernes Hörrohr und kontrolliert die Herztöne des Babys. Ihr Gesicht ist voller Falten, ihre Augen haben viel gesehen. Christine kennt die Hebamme seit Langem. Die Alte kann weder lesen noch schreiben, doch sie weiß alles darüber, wie man Kinder zur Welt bringt, und hat selbst acht Kinder geboren; sechs von ihnen leben noch.

Neuerdings trägt die Hebamme bei der Geburt Handschuhe.

Christine kniet sich neben die Schwangere. »Hast du Angst?«

Die junge Frau schüttelt den Kopf.

»Das ist gut. Nimmst du regelmäßig deine antiretroviralen Medikamente?«

»Ja, regelmäßig.«

»Du weißt, dass wir einen Kaiserschnitt machen und sterile Instrumente benutzen werden?«

»Ja, das weiß ich.«

»Du weißt, dass dein Baby nach der Geburt einen vorbeugenden Sirup bekommt, um eine Ansteckung zu verhindern?«

Die Frau nickt wieder.

»Sehr gut.«

Die Hebamme lässt ihr Hörrohr sinken, und Christine hilft der Schwangeren, sich aufzusetzen.

»Nach der Geburt werde ich drei Monate stillen. Anschließend gebe ich dem Baby Zusatznahrung – wie man es mir in der Beratung erklärt hat«, sagt die Frau. »Ich habe das auch mit meinem Mann besprochen.«

»Sehr gut«, lobt Christine, sichtlich zufrieden. Sie zieht einen Stift aus der Tasche und macht Notizen in ihrem Buch. »Und du weißt auch, dass du jederzeit in die Klinik kommen kannst, wenn du Fragen oder Probleme hast?«

»Ja«, antwortet die Frau. »Das weiß ich.« Sie steht auf und schlingt ein Tuch um ihren Leib. Dann schlüpft sie in ihre Sandalen. »Und …«, sagt sie, »wenn das Baby eineinhalb Jahre alt ist, werde ich mit ihm zum HIV-Test gehen. Auch das habe ich mit meinem Mann besprochen, und er ist einverstanden.«

Es dämmert, als Robert Mukasa sich im Studio auf seine Sendung *Straight Talk Radio* vorbereitet. Er fährt den Computer hoch und breitet sein Manuskript vor sich aus. Noch fünfzehn Sekunden, dann geht das Rotlicht an.

Robert schiebt seine schwarze Baseballkappe zurück und setzt die Kopfhörer auf. Er öffnet die Software, ruft eine Datei auf und rückt das Mikrofon zurecht. Auch heute wird er in der Sendung mit einem jungen Mädchen sprechen, das HIV-positiv ist. Noch zehn Sekunden.

Robert nimmt die erste Seite seines Manuskripts, überfliegt den Text. »Hello people …«, liest er halblaut, »how are you today?« Er trinkt einen Schluck Wasser und sieht auf die Uhr. Noch drei Sekunden.

Robert klickt den Jingle an, der seine Sendung eröffnet, schaltet das Mikro ein, und das Rotlicht leuchtet auf. »Hallo Leute!«, ruft er, »Herzlich willkommen zu einer neuen Ausgabe von *Straight Talk Radio*. Auch heute geht es wieder um eure Gesundheit, also sagt allen Bescheid: Die Show geht wieder los! Mein Name ist Robert Mukasa, und ich freue mich, dass ihr dabei seid!«

Robert fährt die erste Musik ab. Seit 1999 gibt es *Straight Talk Radio*. Er und seine Kollegen interviewen Jugendliche, sprechen mit Ärzten, Aidsberatern, Lehrern und Eltern. Sie berichten über Kondome, HIV-Tests, Enthaltsamkeit, Verhütung, Geschlechtskrankheiten, Beziehungen, Alkohol. Sie haben Erfolg. Jede Woche bekommt die Redaktion über 2000 Briefe von Hörern aus allen Teilen des Landes.

Robert sieht auf seinen Bildschirm und blendet die Musik aus. Am Telefon ist eine Hörerin.

»Hallo, hier ist Robert Mukasa!«

»Hallo, ich bin Grace.«

»Hallo, Grace«, sagt Robert Mukasa. »Wie alt bist du?«

»Ich bin 23 Jahre alt. Und ich bin HIV-positiv.«

»Das ist gut, dass du so offen bist, Grace. Leute, denkt daran: Es ist wichtig zu wissen, ob ihr HIV-positiv seid oder nicht! So könnt ihr anderen, die nicht infiziert sind, das Leben retten. Grace, danke, dass du so mutig bist und hier mit uns sprichst. Wie hast du erfahren, dass du HIV-positiv bist?«

»Mein Freund ist gestorben. Er hat sich nie testen lassen und nie über seine Krankheit gesprochen, aber wahrscheinlich hatte er Aids. Also habe ich mich testen lassen. Das Ergebnis war positiv. Ich war völlig fertig, ich konnte es nicht glauben. Aber in der Klinik hat man mich gut betreut. Irgendwann fing ich an, es zu akzeptieren. Allerdings habe ich mich nicht getraut, es zu Hause zu erzählen. Der erste, dem ich mich schließlich anvertraut habe, war mein Schwager. Dann habe ich mit meinen Geschwistern gesprochen. Meiner Mutter habe ich es erst gesagt, als ich schon Medikamente nahm. Sie hat Bluthochdruck, und ich wusste, die Nachricht würde sie sehr aufregen. Aber sie hat gut reagiert. Sie hatte es sich schon gedacht und gesagt, ich soll auf die Ärzte hören und wenn ich Sex habe, ein Kondom benutzen.«

»Vielen Dank, Grace. Es ist sehr wichtig, dass man sich jemandem anvertrauen kann. Menschen, die HIV-positiv sind, brauchen Unterstützung. Es ist schrecklich, wenn man erfährt, dass man infiziert ist. Also Leute, wenn sich euch jemand anvertraut – unterstützt ihn! Wendet euch nicht ab, bitte lehnt niemanden ab, weil er HIV-positiv ist! Und behaltet sein Testergebnis für euch.

Für dich Grace spiele ich jetzt *Alone* von Philly Lutaya.«

»Wow! Danke …«

Robert startet die CD. Er weiß, dass jetzt nicht nur Grace das Radio lauter dreht. Alle seine Hörer lieben Philly Lutaya. Philly Lutaya ist ein Held – der erste ugandische Musiker, der offen zugab, dass er HIV-positiv ist. Als es in Uganda noch absolut tabu war, über Sexualität zu sprechen, erklärte er öffentlich, er habe sich mit dem Virus infiziert und zwar beim Sex. Als er bereits an Aids erkrankt war, nutzte er seine Popularität noch, um vor der Krankheit zu warnen. Durch seine

Initiative entstand eine Künstlerbewegung, die später mit Unterstützung der Regierung im ganzen Land Festivals, Konzerte und Theateraufführungen organisierte. Auch Robert ist bei vielen dieser Anti-Aids-Veranstaltungen dabei gewesen.

Robert wippt im Takt der Musik und rückt sein Manuskript zurecht. Dann blendet er die Musik aus.

»Hallo, Grace, bist du noch da?«

»Klar …«

»Grace, du bist HIV-positiv und bekommst antiretrovirale Medikamente. Das sind Tabletten, die dafür sorgen, dass das Virus sich nicht vermehrt und dein Immunsystem gestärkt wird. Wie geht es dir damit?«

»Am Anfang hatte ich Durchfall. Aber nach einer Weile ließ er nach. Seitdem habe ich keine Probleme mehr.«

»Und wie geht es dir heute?«

»Ich habe ein Baby. Der Vater sagt, das Kind ist nicht von ihm. Er wollte mich heiraten, aber jetzt hat er eine andere Frau, und die sagt, sie bringt mich um, wenn ich nicht verschwinde. Also bin ich zu meiner Familie zurückgegangen. Als ich getestet wurde, war ich schon schwanger. Aber dem Baby geht es gut. Es ist sechs Monate alt. Allerdings will die Kleine keinen Brei essen, also stille ich weiter, obwohl man das nicht soll, weil das Baby sich anstecken kann. Sobald es alt genug ist, lasse ich mein Mädchen testen.«

»Das ist wirklich eine starke Geschichte, Grace. Leute, so etwas kann passieren, wenn man früh Sex hat. Wartet einfach, und schlaft nicht mit jemandem, wenn ihr nicht wirklich bereit seid. Denkt an die ABC-Regel: *abstain, be faithful, condomise* – enthaltet euch, seid treu, benutzt Kondome. Und Jungs, wenn euch so was passiert, dann benehmt euch wie Männer. Steht zu dem Kind und seiner Mutter!«

Robert klickt die nächste Musik in seinem Computer an. Er blendet den Titel langsam ein und sagt mit eindringlicher Stimme über den Trommelwirbel: »Leute, denkt nicht, HIV könnte euch nichts anhaben! Nur wenn ihr euch testen lasst, wisst ihr, ob ihr infiziert seid oder nicht. Kapiert? Denkt nie, ihr könntet jemandem ansehen, ob er oder sie das Virus in sich trägt!«

Dann fährt er die Musik hoch und lehnt sich zurück. Er weiß, dass die Jugendlichen auf ihn hören. In Umfragen, die die *Straight Talk Foundation* durchführt, gibt über die Hälfte der Hörer an, sie hätten in Roberts Sendung etwas über HIV, Aids und Safer Sex gelernt und ihr Verhalten geändert, sie würden auf Sex vor der Ehe verzichten oder Kondome benutzen.

Draußen ist es dunkel, als Robert sich noch einmal zu Wort meldet: »Leute, wir kommen zum Schluss der Sendung. Ich gehe gleich nach Hause – aber hey, das heißt nicht, dass ich nicht für euch da bin. Ihr könnt mir jederzeit schreiben, wenn ihr Fragen zu HIV und Aids habt. Und nun noch unsere heutige Preisfrage: Was tut ihr in eurem Dorf, in eurer Gemeinde, um HIV zu stoppen? Habt ihr die Frage mitgekriegt? Was tut ihr, um HIV und Aids zu stoppen? Schreibt mir, oder schickt eine E-Mail. Ich freue mich auf eure Antworten. Wir verlosen wieder T-Shirts, einen Taschenrechner, eine Uhr und – wow: ein brandneues Fahrrad!«

Robert zieht den Regler hoch, spielt ein paar Takte Musik, dann sagt er: »Grace, ich möchte mich bei dir bedanken. Du bist wirklich mutig, und ich wünsche dir alles Gute!«

»Danke …« Grace klingt stolz.

»Leute, das war's für heute. Ich bin Robert Mukasa von *Straight Talk Radio* – bis zur nächsten Woche, bleibt sauber und bye-bye!«

Wieder ist der Himmel weiß wie Milch, wie an jenem Tag vor zehn Wochen, als Christine zum Haus von Miriam fuhr. Doch diesmal ist es Miriam, die sich auf den Weg gemacht hat.

Es ist früher Nachmittag, als Miriam das Klinikgelände betritt. Victoria, die sie in einem Tragetuch auf dem Rücken trägt, schläft. Zögernd geht Miriam über den Platz, vorbei an Frauen in traditionellen Kleidern, bunten *Gomesis*, die im Schatten der Bäume *Posho* kochen, in Schüsseln rühren, Eimer auswaschen. Ein alter Mann schält Bananen, andere sitzen auf der Erde, reden und spielen *Omweso*, ein altes Brettspiel. Überall laufen Kinder herum, hüpfen, hopsen, springen, spielen Fußball. Ein Mädchen in einem zerrissenen Kleid schleppt ein Kleinkind auf dem Rücken; seine Haare sind zu Zöpfen geflochten und mit bunten Perlen geschmückt. Eine Ziege schabt ihren Rücken an einem Zaun aus Bambusstöcken, und ein Hund scharrt im Sand.

Miriam sieht sich um, sucht ein bekanntes Gesicht. Christine hat sie in den *Post Test Club* eingeladen. Sie spürt gerade, wie Victoria sich im Tragetuch windet, als Christines Gestalt im Türrahmen zur Frauenstation auftaucht. Sie steht genau dort, wo Miriam stand, an jenem Tag, als sie auf ihr Testergebnis wartete und erfuhr, dass sie positiv ist.

Christine winkt.

Miriam geht auf sie zu.

»Hallo, wie geht es dir?«

»Danke, gut. Und dir?

»Mir auch«, antwortet Christine. »Und den Kindern.«

»Danke, den Kindern geht es auch gut.«

Ein etwa zehnjähriger Junge in einem blauen Hemd steht dicht hinter Christine. Er hat sehr kurze Haare, ein ovales Gesicht und lange Wimpern. Doch was Miriam erschreckt, ist sein trauriger Blick. Christine sagt etwas auf Lusoga und umarmt den Jungen. Doch der löst sich aus der Umarmung und steigt, die Schultern hochgezogen und leicht schlurfend, die Stufen hinab. »Bye-bye, Dennis …«, ruft Christine. Der Junge geht, ohne sich umzusehen über den von der Sonne verbrannten Rasen davon.

»Komm«, sagt Christine und greift nach Miriams Hand. »Schön, dass du gekommen bist.« Die beiden Frauen sind ein ungleiches Gespann, wie sie die Treppe hinabsteigen und den Pfad entlanggehen, die hochgewachsene Miriam und die untersetzte Christine. Doch Miriam ist froh, dass Christine bei ihr ist. Sie lebt noch immer wie in einem bösen Traum. Nur der Kinder wegen steht sie morgens auf, jede Bewegung kostet sie unendliche Mühe, und manchmal ist ihr, als würde im nächsten Moment auch jener Rest Leben aus ihr weichen und sie würde umfallen, wo immer sie gerade steht, und tot liegen bleiben auf der fruchtbaren roten Erde.

Gemeinsam gehen die Frauen zum Zaun, der das Klinikgelände umgibt. An der Pforte stoppt Christine zwei Mopedtaxis, und sie lassen sich in den nächsten Ort fahren.

Der *Post Test Club* befindet sich in einem flachen Gebäude, das mit Wellblech gedeckt ist. Drinnen ist es heiß, obwohl alle Fenster offen stehen. Zwei Dutzend Frauen und ein paar Männer sitzen in Gruppen am Boden und fächern sich Luft zu. Miriam ist verblüfft. Alle diese Menschen sehen völlig gesund aus.

»Hallo«, begrüßt sie eine Frau mit einer Brille.

»Hallo, Cynthia«, sagt Christine. »Wie geht es dir?«

»Gut.« Die Frau lacht und zeigt eine breite Zahnlücke zwischen ihren Schneidezähnen.

»Ich habe jemanden mitgebracht. Das ist Miriam.«

»Hallo, guten Tag«, sagt Miriam.

»Hallo, Miriam, herzlich willkommen«, sagt die Frau mit der Brille und der Zahnlücke. »Ich bin Cynthia.«

»Miriam«, sagt Miriam.

»Hast du dich testen lassen?«

Miriam nickt.

»Jeder kann zu uns in den *Post Test Club* kommen – die einzige Bedingung ist, dass die Leute einen Test gemacht haben. Wie der Test ausgegangen ist, muss niemand sagen. Aber wenn du reden möchtest, findest du hier immer jemanden, der dir zuhört und hilft, so gut er kann.«

»Danke.«

»Wir führen gleich ein Theaterstück auf«, erklärt Cynthia und deutet auf eine behelfsmäßige Bühne. »Es handelt von einem Mann und einer Frau, die zum HIV-Test gehen. Der Mann ist negativ, die Frau ist positiv. Die Frau will sich umbringen, aber ihre Familie kann sie schließlich davon abhalten.«

Miriam und Christine suchen einen Platz und setzen sich. Christine kennt viele Anwesende, sie begrüßen sich. Miriam nimmt Victoria aus dem Tragetuch und schaut sich um. An den Wänden hängen Plakate: *Benutzt Kondome!* und *Deine Familie braucht dich – lebend!* und *Eltern – sprecht mit euren Kindern über Aids!* Neben einem Korb mit Kondomen steht ein handgeschriebenes Schild: *umsonst!* Ein Pfeil weist den Weg zu *Blutabnahme & HIV-Test.*

Ein Mann beginnt, auf einer Djembe zu trommeln. Etwas in Miriams Brust wird weich. Ihre Augen füllen sich mit Tränen, sie kann gar nichts dagegen tun. Eine Frau lacht ihr zu und setzt sich neben sie, eine andere beginnt zu singen. Miriam legt Victoria in ihren Schoß. Das Mädchen lächelt und schaut sich neugierig um.

Das Theaterstück beginnt, doch es zieht an Miriam vorbei. Sie sieht und hört nichts, so gefangen ist sie von den Gefühlen, die sie überrollen. Sie drückt Victoria an sich. Sie denkt an ihre anderen Kinder und hat Angst zu zerspringen. Wie lange wird sie noch leben? Wie alt werden David und Priscilla sein, wenn ihre Mutter stirbt? Wird sich Victoria an Miriam erinnern, wenn sie größer ist?

Immer tiefer dringt der Klang der Djembe in Miriams Seele.

Doch etwas tröstet sie auch. Sie kann nicht sagen, was es ist. Vielleicht sind es all die Menschen um sie herum. Vielleicht ist es die Frau, die immer noch neben ihr sitzt und manchmal leicht Miriams Arm berührt. Vielleicht ist es Christine, die nur ein paar Schritte entfernt sitzt und so stark und kraftvoll wirkt, obwohl auch sie das tödliche Virus in sich trägt.

Miriam schaukelt ihr Baby im Rhythmus der Djembe. Der Klang dämpft ihre Gedanken. Er beruhigt ihr Herz, glättet ihre Seele. Christine hat ihr vorgeschlagen, Memory Books für ihre Kinder zu schreiben. Doch Miriam will das nicht. Sie fürchtet den Tod und will ihm nicht erlauben, ihr so nahe zu rücken.

Aber sollte sie ihren Kindern nicht etwas hinterlassen?

Vier

An einem Tag Ende Januar 2005 verlor ich den Boden unter den Füßen und stürzte. Eine Liebe war plötzlich zerbrochen. Der Verlust schmerzte mich. Ich fühlte mich unglücklich und schwach. Auf eisglatter Straße rutschte ich aus und brach mir den rechten Arm. Dass der Arm regelrecht zertrümmert war, erfuhr ich dann im Krankenhaus.

Seit der Zusage des Produzenten hatte ich viel recherchiert und gelesen. Anfangs stapelten sich nur in meinem Büro Bücher und Artikel; bald lagen im ganzen Haus Stapel von Papieren. Ich las Bücher über afrikanische Sterbekultur und Reporte der Vereinten Nationen und der Weltgesundheitsorganisation. Ich las Beiträge von Korrespondenten und afrikanische Märchen und Gedichte. Je mehr ich las, desto weniger, schien mir, wusste ich. Ich hatte verschiedene afrikanische Länder bereist, in Ruanda hatte ich gedreht. Aus Gründen, die mir nur teilweise bewusst waren, hatte es mich immer wieder, wie magisch, auf diesen Kontinent gezogen. Afrika ist voller Gegensätze. Das Trauma der Kolonialherrschaft, Kriege, Krankheit, Dürren, Elend und Gewalt haben es geprägt. Gleichzeitig erlebte ich bei den Menschen Gelassenheit, Zufriedenheit, Herzlichkeit, eine Gastfreundschaft und eine Fähigkeit zu (über)leben, die mich immer wieder zutiefst berührt haben. Auch davon wollte ich berichten. Ich wollte in meinem Film anhand der Memory Book erzählen, wie Menschen im Spannungsfeld zwischen Tradition und Moderne mit den großen Herausforderungen unserer Tage umgehen. Denn Aids ist nicht nur eine Krankheit, sondern – vor allem in den Ländern südlich der Sahara – eine soziale, ökonomische und gesellschaftliche Herausforderung ohnegleichen. Ich wollte den Verlust von Identität durch den Einfluss der Globalisierung dokumentieren – aber auch, wie Menschen sich in der Krise zusammenschlossen, Kraft schöpften und neue Wege gingen.

Doch dann verlor ich den Boden unter den Füßen und stürzte. Mein Weg war erst mal zu Ende.

Ich hatte begonnen, ein Treatment zu schreiben. Ein Treatment beschreibt das Thema eines Films, den dramaturgischen Bogen der Geschichte, mögliche Protagonisten, Bilder und Drehorte. Mit dem Treatment sucht die Produktionsfirma weitere Geldgeber, also muss es überzeugen. Doch in Deutschland stieß ich mit meinen Recherchen an Grenzen. Ich musste nach Uganda reisen. Dafür brauchte ich Geld. Ich telefonierte, sprach mit Vertretern kirchlicher und entwicklungspolitischer Einrichtungen, knüpfte Kontakte, schrieb E-Mails und suchte Sponsoren. Einige winkten gleich ab; andere zeigten sich interessiert, hörten sich um, empfahlen mich weiter. Dabei überraschte mich immer wieder, wie meine Begeisterung für das Thema andere ansteckte. Das *Deutsche Institut für Ärztliche Mission* bot schließlich an, die Reise zu finanzieren. Ende Februar sollte es losgehen.

Doch nun ich lag im Krankenhaus.

Fünf Tage blieb ich in der Klinik. Dann wurde ich entlassen. Mein Arm war geschient und verbunden, mein Daumen steckte in einer roten Plastikschale; oben schaute noch der Draht heraus, mit dem man das Gelenk gerichtet hatte. Es würde Wochen, vielleicht Monate dauern, bis ich meinen Arm wieder bewegen, geschweige denn reisen könnte.

Zu Hause konnte ich nicht schreiben, kein Brot schmieren, mir nicht einmal die Haare waschen, denn es war der rechte Arm, den ich mir gebrochen hatte. Jeden Tag kam für eine Viertel- bis halbe Stunde eine Pflegerin von der Caritas und versorgte mich und den Haushalt. Nicht einmal den Hund durfte ich ausführen, denn die Straßen waren immer noch verschneit und rutschig, und alle fürchteten, ich könne erneut stürzen. Ich war zur Untätigkeit verdammt und fühlte mich hilflos wie ein kleines Kind.

In die Hilflosigkeit mischte sich Trauer über den Verlust meines Freundes.

Ich verschob die Reise. Mit zusammengebissenen Zähnen fuhr ich zum Arzt und zur Krankengymnastik, machte meine Bewegungsübungen. Alles schmerzte. Der Daumen blieb steif. Und mein Herz blieb leer.

Erst sechs Wochen später, am 15. April 2005, flog ich

mit dem Fotografen und Kameramann Roland Wagner von München über Dubai und Nairobi nach Entebbe in Uganda.

Autos hupten, Busse qualmten, Sammeltaxis drängten sich dicht an dicht, und Menschen und Motorroller schlängelten sich geschmeidig zwischen den Blechlawinen hindurch, die Luft war staubig und stank nach Abgasen. Ein Mann zog einen haushoch mit Matten beladenen Leiterwagen an den Straßenrand. Ein Fahrradfahrer klingelte, schrie und bremste, die Hirsesäcke auf seiner Lenkstange rutschten bedenklich.

Man hatte uns vom Flughafen abgeholt, und ich war froh, in diesem Durcheinander jemanden an meiner Seite zu haben, der sich auskannte. Zwei Mitarbeiter von *Reach the Child*, einer Nichtregierungsorganisation, die sich um Waisenkinder kümmert, fuhren uns zu einem Hotel in Kampala, der Hauptstadt, wo man uns Zimmer reserviert hatte. Wir waren hungrig, müde und erschöpft von der Reise. Mein Arm schmerzte.

Uganda ist ungefähr so groß wie die alte Bundesrepublik. Es liegt im Osten Afrikas, grenzt an den Sudan, Kenia, Tansania, Ruanda und den Kongo. Fast 29 Millionen Menschen leben in dem Land, und anders als manche Nachbarstaaten ist es fruchtbar und verfügt über Bodenschätze, vor allem Kupfer und Kobalt. Vor 100 Jahren nannte Winston Churchill es die »Perle Afrikas«. Uganda war britisches Protektorat, bevor es 1962 unabhängig wurde. 1971 putschte sich Idi Amin an die Macht; es folgten Jahre der grausamen

Diktatur und des Bürgerkriegs. Erst im Mai 1996 fanden demokratische Wahlen statt, deren Sieger, Präsident Museveni, bis heute regiert und dem man einen ebenso demokratischen wie autoritären Regierungsstil nachsagt. Trotz eines Wirtschaftswachstums von fünf bis sechs Prozent pro Jahr zählt Uganda zu den ärmsten Staaten der Welt. Die Lebenserwartung liegt bei 45 bis 50 Jahren, die Säuglingssterblichkeit bei acht Prozent, es gibt 0,05 Ärzte pro tausend Einwohner, rund ein Drittel der Bevölkerung kann weder lesen noch schreiben. Und mehr als eine Million Männer, Frauen und Kinder tragen den HI-Virus in sich.

All das hatte ich zu Hause gelesen. Doch jetzt fand ich mich inmitten einer lärmenden, pulsierenden und fremden Wirklichkeit wieder.

Am nächsten Morgen begrüßte uns Julia, eine Frau etwas über vierzig, die in Kampala Soziologie studiert hatte, im Büro von *Reach the Child.* Wir tranken Tee mit Milch und Zucker, knabberten Erdnüsse und sprachen über den geplanten Film, über Hintergründe, Drehorte und Interviewpartner. Ab und zu blickte ich aus dem Fenster, sah Männer mit Baseballkappen und Frauen in bunten Kleidern. Manche trugen Pakete auf dem Kopf, manche Kinder auf dem Rücken. Sie alle bewegten sich mit einer Gelassenheit, die mich unruhig machte. Es würde ein paar Tage dauern, bis ich meine europäische Hast abgelegt und mich wieder dem afrikanischen Tempo angepasst hätte.

Julia schlug vor, einige Waisen zu besuchen.

Der Fahrer, der uns am Tag zuvor vom Flughafen abgeholt hatte, lud Kartons mit Lebensmitteln in sein Auto. »Für die Kinder«, sagte er, als er meinen Blick bemerkte. Wir stiegen ein und verließen Kampala über eine ungepflasterte Ausfallstraße. Lastwagen wirbelten riesige Staubwolken auf. Fußgänger sprangen zur Seite, wenn Autos einander überholten, und unser Fahrer raste zwischen allen Spuren hindurch. Ich schloss die Augen und hoffte das Beste.

Das erste Haus, das wir ansteuerten, war erst kürzlich gebaut worden. Im Garten wuchsen Bananen und Bohnen, zwei Ziegen fraßen an gelben Blumenbüscheln, und auf einer Wäscheleine flatterten Hemden, Kleider und Hosen. Ein Junge, ich schätzte ihn auf sechzehn Jahre, stand im Türrahmen, er schien uns zu erwarten. Neben ihm an der Hauswand lehnte ein Fahrrad. Kaum waren wir ausgestiegen, umringte uns eine Schar Kinder. »*Mzungu*«, riefen sie und lachten. »*Mzungu* – Weiße!«

Der Fahrer und Julia luden Kartons aus, und alle wollten helfen. Ich fragte den Jungen, der im Türrahmen lehnte, nach seinem Namen, wie alt er sei und wie viele Geschwister er habe. Er sagte, sie seien acht Kinder. Er selbst war siebzehn, seine jüngste Schwester vier Jahre alt. Die Eltern waren gestorben, ebenso die Großeltern und einige Tanten und Onkel.

Der Junge lud uns ein, hereinzukommen. Drinnen gab es zwei Zimmer, ein paar Möbel, alles war ordentlich aufgeräumt und sauber. Er kümmere sich um seine Geschwister, sagte der Älteste, doch halfen alle mit, im

Garten und auf dem Feld, holten Wasser und Feuerholz, molken die Ziegen und kochten. Jeden zweiten Tag kam ein Mitarbeiter der Hilfsorganisation, außerdem besuchten sie Verwandte und Nachbarn. Die Kinder betrieben auch einen kleinen Laden, den sie, wie das Haus, mit Unterstützung einer kirchlichen Organisation gebaut hatten. Ich war beeindruckt. Der Junge sprach ruhig und freundlich. Seine Geschwister sahen zu ihm auf, hörten muckmäuschenstill zu. Als der Älteste von ihren Eltern sprach, fragte ich, ob er ein Foto besäße. Er schüttelte den Kopf. »Aber wir denken jeden Tag an Mum und Daddy.«

»Sie sind im Himmel«, sagte ein Mädchen. Ich schätzte sie auf sechs oder sieben Jahre.

Als wir uns verabschiedeten, zeigten die Kinder uns die Gräber. Zehn Erdhügel hinterm Haus, von Gras überwachsen. Termiten hatten die Holzkreuze zerfressen.

Das nächste Haus war ärmlich. Im Dach klafften Löcher, die Tür hing schief in den Angeln, fünf Kinder teilten sich ein schmutziges Bett aus Stroh. Der Älteste war vierzehn, der Jüngste sieben Jahre. Die Eltern waren vor zwei Jahren gestorben. Nein, er gehe nicht mehr zur Schule, sagte der Älteste, er arbeite auf dem Feld und versuche, den Lebensunterhalt zu verdienen. Ihren Vater hatten sie im Garten begraben, er starb mit 48 Jahren. Die Mutter starb mit 38 und wurde in Entebbe bestattet; in Uganda ist es üblich, die Toten zu beerdigen, wo sie geboren wurden, in der Nähe ihrer Ahnen. Die Gesichter der kleineren Kinder leuchteten, als der Fahrer Kartons mit Reis, Seife und Zucker auslud. Ich fragte nicht, ob sie hungerten; es war offensichtlich.

Wir stiegen wieder in unseren Jeep. Während der Fahrt dachte ich an das Foto der Eltern, das schief und hinter zersprungenem Glas an der Wand gehangen hatte. Ein Mann in weißem Hemd, Krawatte und Sakko saß auf einem Stuhl. An seiner Seite, links und rechts, saßen zwei Frauen in festlichen *Gomesis*; Polygamie ist in Uganda noch immer erlaubt und weit verbreitet. Auf dem Boden knieten Kinder, ein Junge und ein Mädchen, beide in Sonntagskleidern. Es war das Bild einer glücklichen, gut situierten Familie.

Als der Wagen vor einem Flachbau in einem Außenbezirk Kampalas hielt, spürte ich kurz den Impuls, im Auto sitzen zu bleiben. Mein Arm schmerzte, und noch mehr schmerzten die ernsten Gesichter der Kinder, die schon so erwachsen wirkten.

Der Abschied. Für immer. Die Trennung, die Trauer.

Doch Julia lief voran und winkte.

Drinnen roch es nach frischem Holz. Links führte ein kurzer Flur in eine Schreinerwerkstatt. Jugendliche standen an Werkbänken und hobelten, der Boden war voller Späne, sie dämpften die Geräusche unserer Schritte. Ein Mitarbeiter erklärte, dass die Jungen hier eine Ausbildung zum Schreiner oder Tischler machen konnten.

»Sind sie alle Waisen?«, fragte ich Julia.

»Ein paar haben noch Mütter oder Väter. Doch sie werden nicht mehr lange leben. Und sie können ihre Familien längst nicht mehr ernähren. Die Jungen lernen bei uns einen Beruf, damit sie die Aufgabe übernehmen können.«

»Wie alt sind sie?«

»Zwischen vierzehn und vierundzwanzig.«

Ich dachte an meine Söhne, die in diesem Alter zur Schule und jetzt zur Universität gingen, mit ihren Freunden Partys feierten und sich wenig Sorgen um ihre Zukunft machen mussten.

»Wir tun, was wir können«, sagte Julia. »Aber es sind so viele …«

Im meinem Gedächtnis lärmten Zahlen. *Fast jede Familie betroffen – in den 90er-Jahren schätzungsweise 30 Prozent der Ugander HIV-infiziert – mehr als eine Million Kinder heute ohne Eltern …*

»Allerdings entstehen immer mehr Hilfseinrichtungen, die sich um Aidswaisen kümmern«, erklärte Julia.

Ich sah mich um. »Was baust du?«, fragte ich einen Jungen.

Er deutete auf einen halbfertigen Schrank.

»Schön«, sagte ich. Der Schrank bestand aus dem Korpus und einer Tür, die Rückwand fehlte noch. Er war aus frischem, rötlichem Holz und wirkte robust und unverwüstlich.

»Die Jungen bauen Möbel«, sagte Julia. »Und Särge.«

Ich sah sie an. Einen Moment lang wusste ich nicht, was ich sagen sollte.

Auf der anderen Seite des Flures lag eine weitere Werkstatt. An kleinen Tischen saßen Mädchen vor schwarzen Tretnähmaschinen; auf schwarzem Grund stand in verschnörkelten goldenen Lettern *SINGER*. Es waren Bilder, wie man sie aus Entwicklungsländern kennt: Jungen bauen Möbel und reparieren Autos oder Motorräder, Mädchen nähen und lernen Hauswirtschaft. Was mich verwirrte, war das Wissen darum, dass diese Jugendlichen vom Schicksal gezwungen wurden, Haushaltsvorstände zu sein und Großfamilien zu ernähren.

Neben einer Schubkarre voller Werkzeug saß ein Mädchen. Während sie mit regelmäßigen Bewegungen der Beine die Nähmaschine am Laufen hielt, schob sie eine Stoffbahn unter der Nadel durch. Ich fragte, wie alt sie sei. Sie war siebzehn; ich hatte sie älter geschätzt. Sie wirkte in sich gekehrt, obwohl sie lächelte.

»Und deine Eltern?«

Das Mädchen sah mich an. Mit diesem nach innen gewandten Blick sagte sie: »Mein Vater ist tot. Aber meine Mutter lebt noch.«

»Hast du Geschwister?«

»Ja, zwei Brüder.«

»Was nähst du?«

»Eine Bluse. Wir nähen Schuluniformen. So verdienen wir ein bisschen Geld.« Sie zupfte einen Faden von dem Stoff, der vor ihr lag. Ihr Körper war nach vorn gebeugt, ihre Schultern hielt sie hochgezogen. »Wir bekommen hier auch Mittagessen.«

»Das ist gut«, meinte ich.

»Aber ich nehme mein Essen mit nach Hause. Meine Mutter ist sehr schwach.«

Und dann weinte sie.

Ich legte meine Hand auf die Schulter des Mädchens. »Das tut mir leid …«

Erst als wir wieder im Auto saßen, fiel mir auf, dass außer diesem Mädchen keines der Kinder, denen wir begegnet waren, geweint hatte.

An einem der folgenden Tage besuchten wir Ella. Sie lebte in einer Hütte außerhalb der Stadt. Als wir ankamen, schlief sie. Wir setzen uns unter einen Baum im Garten und warteten. Ihre Kinder, zwei Zwillingsjungen und ein Mädchen, spielten mit Steinen und Kronenkorken. Sie erzählten, dass ihr Vater gestorben sei. Das Mädchen, etwas älter als ihre Brüder, sagte, die Mutter habe Tuberkulose. Sie schlafe viel. An manchen Tagen sei sie zu schwach um aufzustehen, dann übernahmen die Kinder alle Arbeit im Haus, und die Brüder gingen zum Brunnen und holten Wasser. Ein Heiler habe aus Kräutern einen Saft gebraut, den die Mutter trinke. Manchmal ginge es ihr ein wenig besser. Aber dann bekomme sie wieder Fieber und müsse fürchterlich husten und viel schlafen.

Es war bereits Nachmittag, als wir eine Stimme hörten. Das Mädchen sprang auf und lief in die Hütte. Nach einer Weile folgten wir ihr.

Eine schmale Frau saß aufrecht auf einer Bastmatte am Boden. Sie trug ein rosa Kleid und hatte ein gelbes Tuch um ihre Schultern gelegt. Ihr Haar war sorgfältig gekämmt. Sie saß dort wie eine Königin, würdevoll und anmutig. Obwohl die Krankheit sie gezeichnet hatte, war sie immer noch schön.

Noch war sie stärker als der Tod.

»Guten Tag«, sagte ich.

»Guten Tag. Wie geht es Ihnen?«

»Gut«, sagte ich. Sie das Gleiche zu fragen kam mir makaber vor; doch die Ugander sind ausgesprochen höflich, und es wäre unhöflich gewesen, nicht die üblichen Floskeln auszutauschen.

»Gut geht es mir«, sagte Ella. Sie würde es noch sagen, wenn sie bereits im Sterben läge.

Ella hustete und deutete auf eine Kanne. Ihre Tochter lief hinaus und kehrte kurz darauf mit Gläsern mit dampfendem Tee zurück. Während wir Tee tranken, sah ich, dass die Kinder Ella nicht aus den Augen ließen. Als versuchten sie, jedes Anzeichen ihres Befindens zu registrieren, bloß nichts zu übersehen. Ein seltsam bodenloses Gefühl überkam mich.

Das Dach der Hütte war löchrig. Die Kleider der Kinder waren schmutzig und zerrissen, ihre Füße rissig.

»Wenn ich fort bin, haben die Kinder eine große Verantwortung«, sagte Ella und trank einen Schluck von ihrem Kräutersaft.

»Bekommen Sie Medikamente?«, wollte ich von ihr wissen.

Ella deutete auf das Dach. »Wie soll ich die bezahlen?«

»Wann haben Sie es den Kindern erzählt?«

»Als die Krankheit ausbrach und ich es nicht mehr verbergen konnte.«

»Wie haben sie reagiert?«

»Sie waren traurig.«

Ich traf noch andere Frauen, die wie Ella dem Tod in Würde trotzten und die mich tief beeindruckten. Wir fuhren durchs Land, besuchten Dörfer und Ortschaften. Wir reisten nach Rakai, einer der ärmsten Provinzen des Landes, in der so viele Menschen an Aids starben, dass es still war auf den Straßen und fast nur noch Kinder und Alte zu sehen waren. Wir fuhren durch üppig grüne Landschaften, in denen sich Grabstein an Grabstein reihte. Wir besuchten Kinder, Frauen und ein paar Männer. Manche leugneten die Krankheit bis zuletzt, andere wussten, dass sie nicht mehr lange leben würden. Nur wenige sprachen über den Tod; in Afrika spricht man nicht über den Tod, solange man lebt, und Pläne für die Zeit danach zu machen bringe Unglück, heißt es. Trotzdem traf ich Eltern, meist Frauen, die versuchten, ihre Kinder auf das vorzubereiten, was unweigerlich kommen würde.

Doch wen ich auch fragte, niemand hatte je ein Memory Book geschrieben.

Zukunft braucht Erinnerung.

Die ersten Memory Books wurden in den 1990er-Jahren in England geschrieben, von afrikanischen Eltern, die an Aids erkrankt waren. Sie fürchteten, dass ihre Kinder, die noch sehr jung waren und in einem fremden Land aufwuchsen, die Kultur, aus der ihre Familie stammte, vielleicht nie kennenlernen würden. Hilfsorganisationen griffen die Idee auf und versuchten, sie zu verbreiten. In Uganda, wo Traditionen seit jeher mündlich, in Geschichten, Märchen und Liedern weitergegeben werden und zudem rund ein Drittel der Menschen Analphabeten sind, eine Herausforderung.

Ein Memory Book ist ein Heft mit lauter leeren Seiten. Jede ist mit einer Überschrift versehen: *Deine Geburt – Deine Kindheit – Deine Schulzeit – meine liebste Erinnerung an Dich – meine Kindheit – meine Ausbildung – Dein Vater – woran Deine Eltern glauben – wichtige Freunde – was ich Dir für Deine Zukunft wünsche* … Die leeren Seiten lassen denen, die sie beschreiben, alle Freiheit.

Mütter und Väter können ihre Familiengeschichte erzählen. Sie können Traditionen bewahren, Werte weitergeben, ein Stück ihrer Kultur. Sie können ihren Kindern Ratschläge für die Zukunft und praktische Tipps fürs Leben geben. Sie können Wünsche formulieren. Sie können, während die Krankheit schon in ihren Körpern wütet, noch einmal auf ihr eigenes Leben zurückblicken, sich an schöne und glückliche Momente erinnern. Sie können ihren Kindern von ihrer Krankheit berichten, müssen nicht länger lügen. Sie können Antworten geben auf Fragen, die ihre Kinder eines Tages stellen werden. Sie können Fotos hineinkleben und Zeichnungen und Andenken an besondere Begebenheiten.

Eltern, die ein Memory Book schreiben, setzen sich mit dem Tod auseinander. So helfen sie ihren Kindern zu leben.

Ein Memory Book nimmt Kindern nicht die Trauer, aber es tröstet. Es bewahrt Erinnerungen. Es erzählt den Mädchen und Jungen, wie sie als Baby waren, was sie als Kleinkinder gern gespielt, als größere Kinder gern gegessen haben. Es sagt ihnen, woher sie kommen, wer sie sind. Es gibt Struktur. Es bereitet sie auf den bevorstehenden Abschied vor. Es kann entwurzelte Kinder davor bewahren, in Einsamkeit und Depressionen zu versinken, und hilft ihnen, schöne Zeiten mit ihren Eltern nicht zu vergessen. Es bietet Zuflucht. Es hilft zu verstehen. Es verbindet Kinder mit ihren Eltern. Es begleitet sie durch ihr weiteres Leben und erzählt auch ihren eigenen Kindern eines Tages die Geschichte einer verstorbenen Generation.

Zum ersten Mal begegnete ich Christine in einem Häuschen am Rande des Klinikgeländes. Sie saß auf einem Schemel, hielt ein Memory Book in den Händen und sprach mit ruhiger Stimme zu einer Gruppe Frauen. Sie sprach Lusoga, und ich verstand nicht, was sie sagte. Doch ihre Stimme schlug mich in den Bann.

Die Veranstaltung endete bald. Die Gruppe löste sich auf, und ich ging auf Christine zu.

»Guten Tag, ich bin Christine.«

»Guten Tag, ich bin Christa.«

Sie war etwa so groß wie ich. Sie bewegte sich langsam, schien völlig in sich zu ruhen.

»Nice to meet you …«

»Ja, ich freue mich auch.«

Ich erzählte von der Fahrt und dass alle Straßen offenbar *road under construction* waren. Christine lachte; es war ein herzliches, ansteckendes Lachen. Sie wusste, dass ich kommen würde, denn Julia von *Reach the*

Child, die mit Christine befreundet war, hatte mich angekündigt. Wir plauderten. Dann schlug Christine unversehens ihr Memory Book auf.

Dieses Memory Book *ist für Vivian und wurde geschrieben von deiner Mutter Christine, im Juni 2003*, stand auf der ersten Seite. Die nächste Seite war dicht beschrieben, als habe es die Schreiberin eilig gehabt. Neben dem Text klebten schmale Streifen eines zerschnittenen Fotos: einer zeigte Christine, in Pünktchenrock und grüner Spitzenbluse, der andere ein lachendes Mädchen. Vivian sah ihrer Mutter ähnlich, die gleiche ovale Gesichtsform, die gleichen großen Augen. Christine sah mich an und lächelte. In ihren Augen lag Traurigkeit. Und unbezwingbare Kraft. Sie blätterte weiter.

Du wurdest am 16. April 1990 um zwei Uhr mittags geboren. Du wogst dreieinhalb Kilo. Du hast sofort losgeschrien und stecktest voller Leben. Dein Vater kam vierzig Minuten nach deiner Geburt in die Klinik und gab dir den Namen Watumaka, nach seiner Großmutter.

Ich blätterte weiter.

Als Baby bist du schnell gewachsen. Du warst ein freundliches Kind, und die Leute nahmen dich gern auf den Arm. Als du sechs Monate alt warst, konntest du bereits alleine sitzen. Als du acht Monate alt warst, konntest du dich an einem Stuhl festhalten und stehen. Darunter klebte ein Foto von Vivian und ihrem Bruder.

Gespannt las ich, was in sauberer Schrift auf den nächsten Seiten stand: *Das erste Mal allein gelaufen bist du an einem Abend, als die Familie beim Tee zusammensaß. Du hast sechs Schritte gemacht. Alle klatschten und riefen »Herzlichen Glückwunsch, Vivian! Versuch es gleich noch einmal!« Und du hast es noch einmal versucht. Diesmal hast du zehn Schritte gemacht. Alle waren außer sich. Am nächsten Tag kaufte ich dir ein neues Kleid und einen Ball zur Belohnung, weil du so mutig gewesen bist und so entschlossen, allein zu laufen. Dein Vater kaufte dir auch ein Geschenk, er brachte dir Babyschuhe mit. Ihre Sohlen machten quietschende Geräusche, und das stachelte dich an, immer weiter zu laufen.*

Ich sah ein stilles Lächeln auf Christines Gesicht.

Ich dachte an meine Söhne; wie oft hatten sie mich, als sie klein waren, gefragt, woher sie kämen, wie sie als Baby ausgesehen hätten, als Kleinkind gewesen wären? Wie ist es, wenn einem niemand diese Fragen beantworten kann, weil die einzigen, die es könnten, nicht mehr leben? Wenn Teile der eigenen Biografie leere, unbeschriebene Seiten bleiben?

Christine deutete auf eine Überschrift. »Wichtiges über deine Familie«, las sie laut. Still las ich weiter: *Wir glauben an Jesus Christus, Gottes einzigen Sohn. Wir sind Protestanten. Du wurdest am 20. April 1990 getauft.* Ich rechnete nach. Christines Tochter war also vierzehn Jahre alt. *Jesus starb am Kreuz für unsere Sünden.* Neben den Satz hatte jemand ein Strichmännchen mit ausgebreiteten Armen gemalt. Vivian Watumaka?

Als Christine die nächste Seite aufschlug, musste ich lachen. *Dein Dorf, dein Zuhause* stand dort, darunter eine Buntstiftzeichnung: vier Hütten, ein paar Bäume, zwei Tiere – ein Huhn? Eine Ziege?

»Hast du das gemalt?«, fragte ich.

Christine nickte. Sie wirkte stolz. Ich war gerührt.

Sie schien mit jeder Seite, jedem Bild, jedem Text in Erinnerungen einzutauchen. Ihre Mimik wechselte ständig, ihre Stimme klang mal weich, mal traurig, mal fröhlich. Säuberlich hatte sie festgehalten, aus welcher Familie sie stammte, welche Ausbildung sie absolviert hatte, wie ihr Leben verlaufen war. Unter *Was ich mag und was ich nicht mag* hatte sie geschrieben: *Ich mag freundliche Nachbarn und Menschen, die die Wahrheit sagen. Ich mag gutes Essen und meinen Beruf, ich bete gern. Ich hasse es, in der Sonne spazieren zu gehen.*

Wieder musste ich lachen und sagte, dass es mir in Deutschland genau umgekehrt ginge.

»Wie war es, dieses Memory Book zu schreiben?«, fragte ich.

»Bewegend. Und anstrengend.«

Inzwischen war es Mittag. Ich lud Christine zum Essen ein. Gastfreundschaft wird in Uganda hochgehalten, und ich wollte hinter der Großzügigkeit, die man mir entgegenbrachte, nicht zurückstehen. Wir gingen in ein Restaurant nahe der Klinik. Bei *Matoke*, Bohnen und Hühnchen mit Soße, erzählte Christine ihre Geschichte: Sie war 46 Jahre alt und hatte vor vier Jahren erfahren, dass sie HIV-positiv war. Ihr Mann hatte sich infiziert, ihr nichts gesagt und sie angesteckt.

»Die Zeiten haben sich geändert. Früher war die Familie das Wichtigste, und alle hielten zusammen. Heute gehen immer mehr Menschen in die Stadt. Sie suchen Arbeit und wollen Geld verdienen. Die Männer gehen zu Prostituierten. Als Steven starb, hinterließ er drei Ehefrauen und elf Kinder. Wir Frauen sind alle HIV-positiv.«

Ich trank einen Schluck Tee. Auf der Straße krähte ein Hahn.

»Es ging mir sehr schlecht damals. Ich hatte Malariaattacken und Fieber, ich fühlte mich schwach und müde. Ich lag den ganzen Tag im Bett. Das war ungewöhnlich, denn ich hatte immer gearbeitet, ich war nie besonders empfindlich gewesen. Ich bekam Medikamente gegen Malaria, doch es ging mir nicht besser. Darum beschloss ich, mich testen zu lassen. Als ich das Ergebnis erfuhr, fiel ich in eine Depression.«

Ich sagte nichts, hörte zu und rührte in meinem Tee.

»Im Krankenhaus kümmerte man sich um mich, und meine Freunde unterstützten mich ebenfalls. Man hat mich nie ausgegrenzt. Das ist nicht selbstverständlich, denn in Uganda war Sexualität bis vor kurzem ein striktes Tabu. Menschen, die öffentlich erklärten, HIV-positiv zu sein, wurden stigmatisiert. Selbst Verwandte wandten sich ab, weil sie Angst hatten, sich anzustecken. Die Menschen wussten nichts über die Krankheit. Sie fürchteten, die Betroffenen seien verhext worden. Männer verstießen ihre Frauen aus Angst vor der Schande – dabei waren sie es oft selbst, die fremdgegangen waren und das Virus nach Hause gebracht hatten.

Heute, wo so viele Menschen sterben, fangen die Ugander an, über HIV und Aids zu sprechen. Aber wer

HIV-positiv ist, muss immer noch damit rechnen, gemieden zu werden. Ich hatte wirklich Glück.

Neun Monate bin ich nicht zur Arbeit gegangen, aber schließlich habe ich mich wieder gefangen. Ich hatte drei Kinder, sie brauchten mich, und das half mir, wieder auf die Beine zu kommen.«

Während ich zusah, wie Christine einen Schluck Sodawasser trank, Bohnen auf ihre Gabel lud und sie in den Mund schob, versuchte ich mir diese kraftvolle Frau depressiv und voller Lebensangst vorzustellen.

»Körperlich ging es mir besser, als ich anfing, antiretrovirale Medikamente zu nehmen. Ich musste sie selbst bezahlen und konnte mir nur die billigen leisten, obwohl ich gern die teuren genommen hätte, denn die sind besser. Trotzdem hat sich mein Immunsystem erholt. Ich nehme die Pillen bis heute, und ich achte darauf, mich gesund zu ernähren, denn es ist wichtig, den Körper zu stärken. Auch da habe ich Glück, denn ich habe Arbeit und kann es mir leisten. Allerdings muss ich wirtschaften, um zurechtzukommen.«

Christine biss in den Hühnchenschenkel und leckte Soße von ihren Lippen. Ich schenkte Tee nach.

»Meine Arbeit macht mir Spaß. Ich kann Menschen helfen, gesund zu bleiben. Und ich kann ihnen helfen, mit ihrem Schicksal zurechtzukommen, wenn sie HIV-positiv sind.«

Ich nippte an meinem Glas. Christine erzählte, ohne zu klagen, nüchtern und sachlich. Manchmal lachte sie ihr kehliges, mitreißendes Lachen. Doch bei allem, was sie sagte, war es das Ungesagte, ihr Blick, dem ich mich nicht entziehen konnte. Je länger ich zuhörte, desto mehr faszinierten mich die Tragik der Geschichte und Christines starker Überlebenswille.

Schließlich sprachen wir über den Film und die Dreharbeiten. Ich erklärte, dass ich Frauen suchte, die bereit waren, sich filmen und interviewen zu lassen. Christine lud einen Rest *Matoke* auf ihre Gabel und sagte, das sei kein Problem.

Fünf

Christine hockt auf einem Schemel und sieht die vielen Augenpaare, die sie mustern. Dicht beieinander sitzen die Frauen vor ihr, auf Grasmatten, unter einem Mangobaum. Die meisten tragen bunte *Gomesis*, einige haben ein Tuch um den Kopf gebunden. Eine Muslimin trägt einen grünen Tschador, der nur ihr Gesicht freilässt; ihr Blick brennt vor Verzweiflung.

»Jeder kann ein Memory Book schreiben«, sagt Christine. Sie spricht Lusoga, ihre Stimme hebt und senkt sich in der gleichmäßigen Melodie ihrer Sprache. »Ihr könnt jederzeit damit anfangen.« Sie schaut in die fremden Gesichter. Die Frauen sind aus den umliegenden Orten gekommen, kleinen Dörfern. Manche sind vor dem Morgengrauen aufgebrochen, viele haben weite Wege zurückgelegt, zu Fuß, weil sie kein Geld für ein Sammeltaxi haben.

Christines Hände ruhen in ihrem Schoß, sie sitzt aufrecht. »Unsere Kinder wollen wissen, wer sie sind. Bislang haben wir, ihre Eltern, Tanten, Onkel, sie die Traditionen, Bräuche und Werte ihres Volkes, unseres Landes gelehrt. Doch Aids hat unser Leben verändert.«

Alle hören zu. Einige haben ein leeres Memory Book vor sich liegen. Doch niemand schlägt es auf. Niemand fasst es an.

»Lasst mich vorab ein paar Dinge erklären.« Christine räuspert sich und fährt mit ruhiger Stimme fort: »Wenn wir gestorben sind, werden unsere Kinder fragen: ›Warum ist Mummy tot? Warum ist Daddy tot?‹ Es ist besser, die Wahrheit zu sagen, so lange wir noch leben, auch wenn das schwerfällt. Unsere Kinder sollten nicht von Fremden erfahren, woran ihre Eltern gestorben sind – etwa wenn Nachbarn rufen: ›Verschwindet, kommt nicht mehr in mein Haus, eure Mutter hatte Aids!‹ Sie verstehen nicht, warum wir ihnen etwas so Wichtiges verschwiegen haben, und werden misstrauisch. Wir sollten sie auf das Unvermeidliche vorbereiten, und wenn wir ein Memory Book schreiben, beginnen wir damit. Aber wir dürfen unsere Töchter und Söhne nicht überfordern. Wir müssen sie langsam und vorsichtig an das, was kommen wird, heranführen und immer an das Kind, für das wir gerade schreiben, denken. Wie alt ist es? Ist es noch klein? Geht es schon zur Schule, gar in die weiterführende Schule? Ist es ein stilles, weinerliches Kind oder ein mutiges, starkes?«

Christine streckt ihre Beine aus, unter ihren Füßen raschelt Laub. Auf dem T-Shirt, das sie trägt, steht *Nurses for Patients' Safety*. »Wer von euch nimmt bereits antiretrovirale Medikamente?«

Mehrere Frauen heben die Hand.

»Wenn ihr eine antiretrovirale Therapie bekommt, solltet ihr auch darüber sprechen. Eure Kinder werden heikle Fragen stellen: Was sind das für Tabletten, was hast du für eine Krankheit, wie hast sie bekommen? Ist Daddy auch daran gestorben? Werden wir alle daran sterben? Es ist nicht leicht, darauf zu antworten. Doch wenn unsere Kinder wissen, dass wir an Aids gestorben sind, werden sie selbst vorsichtiger sein und versuchen, sich nicht zu infizieren. Und sie werden für uns sorgen, wenn es uns einmal schlecht geht.« Christine sieht sich um, sieht die Augenpaare, die sie unverwandt mustern. Sie weiß, dass ihre Worte auf einige Frauen ungeheuerlich, auf viele zumindest fremd und ungewohnt wirken. Sie spürt die Zurückhaltung.

»Habt ihr Fragen? Zögert nicht, mir Fragen zu stellen, wenn es etwas gibt, was ihr wissen möchtet …«

Eine Frau meldet sich.

Christine nickt ihr zu. »Bitte …«

»Ich habe drei Söhne«, sagt die Frau. Sie trägt eine kakaobraune Bluse, und ein paar Haarsträhnen lugen unter ihrem Kopftuch hervor. Sie ist jung, jünger als die anderen, nicht einmal dreißig Jahre. »Mein Mann ist gestorben. Nach seinem Tod stand ich mit leeren Händen da. Meine Schwiegereltern sind zu uns gezogen, doch wenn sie kochen, kochen sie nur für sich und ihre Kinder und Enkel. Sie schlagen meine Söhne. Jeden Tag gibt es Streit, wir finden keinen Frieden mehr.«

Christine hört zu, nickt ab und zu.

»Ich bin sehr erschöpft. Außerdem geht es mir gesundheitlich immer schlechter.« Die Frau hat ein ebenmäßiges Gesicht und große, dunkle Augen. Ihre Stimme klingt brüchig, sie sieht Christine Hilfe suchend an.

»Ich habe meine Söhne zu anderen Verwandten gebracht. Sie können dort auch zur Schule gehen …« Sie beginnt zu weinen, wischt die Tränen mit dem Kragen ihrer Bluse ab und spricht weiter, doch jetzt sieht sie Christine nicht mehr an, ihr Blick geht ins Leere. »Aber die Jungen schwänzen die Schule. Sie sind frech und ungezogen. Ich würde sie gern nach Hause holen, aber ich habe kein Zuhause mehr, meine Schwiegereltern lassen uns nicht mehr in unser Haus. Sie sagen, es gehörte meinem Mann, und nun gehört es ihnen …«

»Das ist eine schwierige Situation. Ich habe auch schon gehört, dass Waisen von Angehörigen aus dem Haus gejagt wurden. Manchmal liegt jemand im Sterben, und die Verwandten teilen bereits den Besitz auf, anstatt den Kranken zu pflegen. Darum ist es wichtig, ein Testament zu machen. Auch in einem Memory Book könnt ihr festhalten, ob euch ein Haus gehört, wie viele Kühe ihr besitzt und welches Land, damit niemand es den Kindern später wegnimmt. Auch dabei müssen wir unsere Söhne und Töchter auf die Zeit nach unserem Tod vorbereiten.« Christine spricht mit ruhiger Stimme, doch alle spüren ihre Energie, ihre Entschlossenheit.

Die junge Frau fährt sich mit den Fingern durchs Gesicht, wischt ihre Tränen ab. Ihre Lippen beben. Eine Frau, die ganz vorne sitzt, hebt die Hand. In ihren Armen brabbelt ein Kleinkind.

»Bitte«, sagt Christine. »Was möchtest du fragen?«

»Was soll ich überhaupt in ein Memory Book hineinschreiben?«

»Du kannst schreiben, was du willst.« Christine greift nach ihrem Memory Book, das neben dem Schemel liegt. »Über jeder Seite steht eine Überschrift, das hilft euch, eure Gedanken zu ordnen. Ihr könnt euren Kindern etwas über eure Familie erzählen. Ihr könnt schreiben, was ihr euch für sie wünscht. Hier, schaut, ich habe meiner Vivian geschrieben: *Bitte arbeite hart, meine Tochter. Denk immer daran, dass harte Arbeit der Schlüssel zum Erfolg ist.*« Christine hält ihr Memory Book hoch, damit alle es sehen.

»Ich habe auch viel über mich geschrieben«, fährt sie fort. »Ich möchte, dass meine Kinder wissen, wer ihre Mutter war – wie ich aufgewachsen bin, wie ich mit meinen Eltern gelebt habe, welche Ausbildung ich gemacht habe, wie ich ihren Vater kennengelernt habe. Und ich möchte, dass sie die Wahrheit über meine Krankheit wissen, dass sie nicht irgendwelchen Gerüchten glauben.«

»Soll ich meinen Kindern all das wirklich sagen?«, fragt eine Frau mit einem leuchtend lila Kopftuch. Eine andere Frau hustet.

»Als ich erfahren habe, dass ich HIV-positiv bin«, erzählt Christine und lässt ihr Memory Book sinken, »bin ich in ein Loch gefallen, und es hat lange gedauert, bis ich die Kraft fand, mein Leben wieder in die Hände zu nehmen. Aber kaum hatte ich mich aufgerafft, ging es auch meinen Kindern besser. Es hat ihnen Angst gemacht, ihre Mutter so verzweifelt zu sehen. Sie waren froh, als ich wieder die wurde, die sie kannten, ihre starke Mutter, die für sie sorgt. Das hat mir gezeigt, wie wichtig es ist, ihnen gegenüber ehrlich zu sein. Sonst machen sie sich große Sorgen, ihre Phantasie geht mit ihnen durch.«

Wieder hustet die Frau, diesmal so heftig, dass es sie schüttelt. Jemand reicht ihr einen Becher Wasser.

»Damals habe ich auch verstanden«, fährt Christine fort, »wie wichtig es ist, meinen Kindern etwas zu hinterlassen. Wenn ich sterbe, sollen sie das Gefühl haben, dass ich sie weiter begleite.« Christine hält das Heft hoch. Sie deutet auf die Fotos, die sie in Pünktchenrock und grüner Spitzenbluse und eine lachende Vivian Watumaka zeigen. »Kinder mögen Fotos, darum klebt Fotos in eure Memory Books, und wenn ihr kein Geld dafür habt, malt Bilder. Später schauen die Kinder sie an und sagen: ›Oh, damals war ich ja so dick – heute bin ich viel schlanker ...‹«

Die Frauen lachen.

»Wie viele Kinder hast du?«, fragt die Frau mit dem Kleinkind im Arm.

»Ich habe zwei Töchter und einen Sohn. Joseph ist längst erwachsen, er ist Lehrer in der Stadt. Meine ältere Tochter macht eine Ausbildung als Krankenschwester, und Vivian ist in einem Internat.«

»Aber wenn ich ein Memory Book schreibe, wissen alle, dass ich HIV-positiv bin«, sagt eine Frau in einem gelben *Gomesi.* Sie trägt ihr kurzes Haar offen. Ihre Augen sind rot geädert.

»Wir müssen aufhören, uns zu verstecken«, antwortet Christine bestimmt. »Wir sind so viele, inzwischen ist praktisch in jeder Familie jemand HIV-positiv oder an Aids erkrankt oder gestorben. Denkt an das, was Philly Lutaya gesagt hat: ›Heute bin ich es, morgen kannst du es sein.‹«

Die Frau, die hustet, hebt den Arm. »Aber wenn jemand nicht so gut schreiben kann …?«

»Das macht nichts. Du kannst Menschen, denen du vertraust, bitten, dir zu helfen. Oder frag deine Kinder, wenn sie schon älter sind. Ihr könnt Memory Books auch gemeinsam mit euren Söhnen und Töchtern schreiben. Dabei fällt einem oft viel mehr ein, und den Kindern macht es Spaß, sie malen etwas oder suchen Fotos aus. Außerdem redet ihr miteinander, und das ist wichtig.«

»Ich habe Angst, dass ich dann weinen muss«, sagt die Frau, die von ihren Schwiegereltern verstoßen wurde.

Christine lässt ihr Memory Book sinken. »Das kann passieren«, sagt sie. »Man erinnert sich an schöne und an schwierige Zeiten, man taucht in die Vergangenheit ein und denkt über das nach, was kommen wird. Das tut weh. Vor allem, wenn man sieht, dass sich das Leben nicht so entwickelt hat, wie man es sich gewünscht hat.« Christine macht eine kurze Pause, schaut sich um. »Aber viele Eltern sagen, sie haben Frieden gefunden, als sie anfingen nachzudenken, zu reden und schließlich ein Memory Book zu schreiben. Mir selbst ist es auch so ergangen.«

Christine schaut sich um. Die meisten Frauen hören interessiert zu, viele haben ihre Befangenheit abgelegt.

»Aber wenn ich schreibe, dass meine Verwandten mich verstoßen haben, werden meine Kinder mich verachten«, sagt eine Frau, die weit hinten sitzt. »Sie werden denken, ich habe Schande über die Familie gebracht. Außerdem kann es jeder lesen, der das Memory Book in die Hände bekommt.«

»Du kannst einen Brief schreiben, in dem du alles erklärst«, antwortet Christine. »Diesen Brief gibst du jemandem, dem du vertraust, und im Memory Book machst du eine Notiz. Dann können deine Kinder den Brief lesen, wenn sie alt genug sind.«

»Wenn ich ein Memory Book schreibe, gebe ich doch die Hoffnung auf«, sagt ein Mann, der ebenfalls ganz hinten sitzt und den Christine erst jetzt entdeckt. Mit einem Tuch wischt er sich den Schweiß vom Hals. Sein kahl geschorener Kopf glänzt, und seine Zähne blitzen, wenn er spricht. »Vielleicht werde ich ja wieder gesund ...«

Christine hat schon viele Gruppen unterrichtet. Meist sind es Frauen, die ein Memory Book schreiben wollen – mehr Männer als Frauen haben Angst vor der Wahrheit und leugnen noch, wenn sie schon im Sterben liegen.

»Wenn wir nicht ehrlich und offen über HIV und Aids reden«, antwortet Christine entschieden, »wird sich die Krankheit weiter ausbreiten. Sie wird noch mehr Eltern töten und noch mehr Kinder zu Waisen machen.«

Der Mann erwidert nichts. Er schüttelt bloß den Kopf.

Christine nimmt ihr Memory Book, hält es hoch und blättert Seite für Seite um. Alle sehen die Buntstiftzeichnung mit den vier Hütten, den Bäumen, den Tieren. »Schaut«, sagt Christine, »hier habe ich geschrieben: *Dein Zuhause steht unter großen Bäumen, die Schatten spenden. In der Nähe ist eine Schule. Es gibt eine Kirche und ein paar Geschäfte, der Marktplatz ist nicht weit.*«

Hühner gackern, ein Hund scheucht sie umher, und die weißen Blüten des Mangobaums duften süß. »Es ist das erste Memory Book, das ich geschrieben habe, es gehört Vivian, meiner Jüngsten. Meinen anderen Kindern werde ich auch noch Bücher schreiben, denn ich sehe, wie stolz Vivian auf ihr Memory Book ist. Sie hütet es, es ist ihr wertvollster Besitz.«

Laub raschelt, wenn der Wind durchs Gebüsch fährt, und die Muslimin mit dem grünen Tschador blättert durch die weißen Seiten des Memory Books, das vor ihr liegt. Sie sieht tief traurig aus.

»Wartet nicht, bis es euch schlecht geht«, sagt Christine eindringlich. »Fangt jetzt an, ein Memory Book zu schreiben. Und lasst euch viel Zeit.« Sie klappt ihr Heft zu und legt es neben dem Schemel auf die Erde. »Aber wenn ihr wollt, könnt ihr immer wieder etwas Neues hineinschreiben – all die Jahre, die ihr noch lebt.«

Es ist später Nachmittag, als Harriet aus dem Haus tritt. Winnie, ihre Tochter, hockt neben einer Blechtonne und sieht zu, wie die jüngste Tochter des Nachbarn Papayakerne aus dem Sand klaubt und sie hingebungsvoll, einen nach dem anderen, in eine leere Plastikflasche füllt.

»Wo ist dein Bruder?«, fragt Harriet.

Winnie zuckt mit den Schultern. Ihr schlaksiger Körper steckt in einem getupften Kleid, das ihr längst zu klein ist.

»Geh und such Patrick«, sagt Harriet. Winnie zögert, dann gehorcht sie. Harriet hebt die Nachbarstochter hoch und nimmt sie auf den Arm. Doch das Mädchen protestiert und strampelt. Harriet setzt es wieder auf den Boden, und die Kleine krabbelt zu ihren Papayakernen. Im Küchenhaus sieht Harriet Elisabeth, die erste Frau ihres verstorbenen Mannes, Zweige fürs Feuer brechen. Bald werden sie kochen. Früher konnten sie zweimal am Tag essen, doch seit ihr Mann gestorben ist, hat sich alles verändert.

Drei Jungen klettern auf einen Baum, ein paar andere balgen sich und stolpern schließlich über das kleine Mädchen auf dem Boden. Es weint, und Harriet tröstet es. Dann hilft sie einem der Jungen, seine Schuhe wieder anzuziehen, doch weil die Schnürbänder fehlen, rutscht er bei jedem Schritt heraus. Das Mädchen zieht sein T-Shirt aus, streckt den Bauch vor und sagt, es habe Hunger. Harriet gibt ihm ein Stück Papaya. Der Vater des Mädchens sitzt mit dem Transistorradio am Ohr auf einem Schemel unter dem Niembaum. Im Küchenhaus facht Elisabeth das Feuer an. Qualm steigt auf, Töpfe klappern.

Als ihr Mann noch lebte, ging es ihnen gut. Er arbeitete als Techniker im Elektrizitätswerk in Kampala. Er fuhr jeden Tag in die Hauptstadt und kam manchmal erst spät in der Nacht zurück. Sonntags, wenn er frei hatte, ging die ganze Familie in die Kirche. Damals besaßen sie einen Fernsehapparat. Den Apparat haben sie noch, aber Strom haben sie keinen mehr. Manchmal schicken die Lehrer Patrick, Angela und Winnie nach Hause, weil Harriet die Schulgebühren nicht bezahlen kann. Ihr Mann hat sich immer um alles gekümmert, er hat stets dafür gesorgt, dass es allen in der Familie gut ging.

Harriet fragt sich, warum alles so kommen musste.

Angela erscheint im Türrahmen und stellt leere Wasserkanister vors Haus; morgen früh werden sie zum Brunnen gehen. Harriet mustert ihre älteste Tochter. Ihre knappen Bewegungen, den schweren Gang. Kurz nach dem Tod ihres Vaters wurde Angela krank, sie bekam Fieber. Harriet brachte sie ins Krankenhaus. Sie ließ ihre Tochter untersuchen und bat den Arzt einen HIV-Test bei Angela und bei ihr zu machen. »Was werden Sie tun, wenn das Ergebnis positiv ist?«, fragte der Arzt. »Ich werde Medikamente nehmen«, antwortete Harriet. Und bestand auf den Tests. Ihr Mann hatte es bis zuletzt geleugnet; doch Harriet kannte die Symptome. Sie hatte zu viele Menschen an dieser Krankheit sterben sehen.

Als Harriet zwei Wochen später in die Klinik kam, teilte ein Aidsberater ihr mit, dass beide Tests positiv ausgefallen waren. Dass sie selbst infiziert war, schob sie beiseite, sie hatte es geahnt. Doch dass ihr Kind sterben sollte, brachte sie beinahe um den Verstand.

Rachel sterben zu sehen war das Furchtbarste, was Harriet in ihrem Leben erlitten hatte.

Einen Mann zu verlieren ist schlimm. Ein Kind zu verlieren ist unbeschreiblich. Seit jenem Tag im Krankenhaus sah Harriet jedes Mal, wenn Angela krank wurde, ihre sterbende Tochter Rachel vor sich. Sie war ein bildschönes, kluges und liebenswürdiges Mädchen gewesen. Eines Tages hatte sie Fieber und Husten bekommen. Keines der Medikamente, die Harriet kaufte, half. Sie brachte Rachel zu einem traditionellen Heiler, sie fuhr mit ihr ins Krankenhaus, doch niemand konnte dem Mädchen helfen. Rachel war zehn, als sie starb; ein Jahr vor ihrem Vater. Auch er hatte geahnt, woran seine Tochter litt, doch er hatte sich geweigert, darüber zu sprechen, und er hatte es auch Harriet verboten.

Ein paar Jahre später begann die Regierung, Krankenhäuser mit antiretroviralen Medikamenten zu versorgen, die diese kostenlos an bedürftige Patienten abgeben konnten. Seither nahmen Harriet und Angela die Tabletten. Sie hatte sich anfangs davor gefürchtet – wenn diese Tabletten ein so gefährliches Virus bekämpfen konnten, konnten sie sie dann auch töten? Doch der Arzt hatte erklärt, Angelas Körper sei inzwischen so geschwächt, dass selbst eine harmlose Erkältung sie umbringen könnte – wenn sie nicht sofort antiretrovirale Mittel nähme, würde sie bald sterben. Da hatte Harriet eingewilligt. Angela erholte sich. Doch jedes Mal, wenn ihre Tochter das kleinste Zeichen von Schwäche zeigte, bekam Harriet Angst, ihr Herz zog sich zusammen, sie dachte an die tote Rachel und fürchtete sich davor, noch eines ihrer Kinder sterben zu sehen.

Harriet hatte nie den Mut gehabt, auch Winnie und Patrick testen zu lassen. Beide schienen kerngesund, und darum wischte Harriet alle Gedanken an weitere Bluttests beiseite.

Im Küchenhaus gießt Elisabeth Wasser in einen Topf und beginnt, Süßkartoffeln zu putzen. In der Glut köchelt ein Topf mit *Posho*. Harriet steht auf und geht ums Haus herum. Sie sieht Winnie, die einen ihrer Cousins wäscht; nackt und voller Seifenschaum steht der Junge in einer Plastikschüssel. »Wo ist Patrick?«, fragt Harriet.

»Er ist mit dem Fahrrad zum Markt gefahren.«

»Aber was will er dort?«

Winnie zuckt mit den Schultern und schrubbt ihrem Cousin den Bauch. Harriet mag es nicht, wenn Patrick verschwindet. Sie sorgt sich um die Kinder. Sie liebt sie sehr. Deshalb wollte sie auch nie wieder heiraten. Die Kinder brauchen sie, und Harriet will ihre Liebe nicht zwischen ihnen und einem neuen Mann aufteilen. Winnie wacht nachts oft weinend auf, schweißnass von Albträumen, in denen ihre Mutter stirbt. Wenn Harriet in die Hauptstadt fährt und spät zurückkommt, können Winnie und Patrick nicht einschlafen vor Angst, sie käme nicht zurück.

Harriet hört, wie Elisabeth nach ihren Kindern ruft. Winnie trocknet ihren Cousin ab und zieht ihm saubere Hosen und ein frisches Hemd an. Harriet sagt: »Komm, wir gehen und holen Gemüse.«

Hand in Hand gehen Harriet und Winnie den roten Weg entlang, an Häusern vorbei, vor denen Kinder spielen, nach denen Mütter rufen. Ab und zu hören sie Musik, ein Radio. In einem Laden am Straßenrand kaufen sie Bananen. Ein kleiner Junge sitzt unter dem Brett, das als Tresen dient. Er hält eine Plastiktüte mit Limonade in der Hand und nuckelt gedankenverloren an seinem Strohhalm.

Als sie sich auf den Heimweg machen, hören sie plötzlich eine Fahrradklingel. »Patrick«, ruft Harriet und ist froh, dass ihr Sohn wieder bei ihr ist. Patrick lacht. Er sieht hübsch aus. Er weiß es auch, die Mädchen schwärmen für ihn. Doch Patrick interessiert sich nicht für Mädchen. Er denkt an seine Ausbildung, er ist gut in Mathematik und will Buchhalter werden. Er will Geld verdienen, sich eine Zukunft aufbauen und dann erst heiraten. Harriet hofft, dass sie bald wieder genug Geld hat, um die Schulgebühren zu bezahlen.

Als Harriet mit ihrer Tochter und ihrem Sohn an ihrer Seite zu ihrem Lehmziegelhaus zurückkehrt, geht über den Feldern die Sonne unter und taucht den Himmel in ein rosarotes Licht.

Die Dunkelheit hat sich wie ein Mantel übers Land gelegt, als Miriam die Öllampe anzündet und sich auf die Stufen vor dem Haus setzt. Auf dem Feld, nicht weit entfernt, sieht sie die Umrisse der spitzen Blätter der Ananaspflanzen. Zikaden zirpen, Frösche quaken. Am Firmament funkeln die Sterne.

Miriam streckt die Beine aus und lehnt sich an die

Lehmwand ihres Hauses. Sie hat die Kinder zu Bett gebracht. Sie ist froh, dass der Tag zu Ende geht. Sie ist froh, dass sie ihn überstanden hat. Schon am Morgen hat sie sich nach dieser Dunkelheit gesehnt, ewig und schwarz.

Doch in der Nacht kommen die Gedanken.

Vor zwei Nächten hatte Miriam einen Traum. Sie sah ein Mädchen mit einem kleinen Metallkoffer in der Hand. Das Mädchen stand am Straßenrand, allein. Es wartete, doch es wusste auch, dass niemand kommen würde, es abzuholen. Als Miriam aus dem Schlaf hochschreckte, wusste sie, dass dieses Mädchen Victoria gewesen war.

Was würde bloß aus ihren Kindern, wenn sie starb?

Miriams Eltern und Geschwister lebten weit entfernt, im Norden Ugandas. Die Eltern ihres Mannes hatten bereits die Kinder der verstorbenen Brüder aufgenommen. Würden sich Nachbarn um Victoria, Priscilla und David kümmern?

Oder würden sie sich selbst überlassen sein?

Miriam war so verzweifelt, dass sie nicht einmal mehr weinen konnte. Und sie fürchtete sich davor, sich offenbaren zu müssen. Wenn sie jemanden finden wollte, der für ihre Kinder sorgte, müsste sie eingestehen, dass sie HIV-positiv war, dass ihr Mann sie angesteckt hatte, und alle wüssten dann, dass er fremdgegangen war. Manche hatten das vielleicht vermutet; auch Miriam hatte manchmal einen Verdacht gehabt. Ihr Mann war LKW-Fahrer gewesen, wochenlang unterwegs. Doch er hatte sich um sie und die Kinder gekümmert, und sie wollte keine Fragen stellen. Wenn sie ehrlich war, hatte sie nie etwas wissen wollen von dem, was nun ihre Familie zerstörte.

An dem Tag, als Christine sie in den *Post Test Club* eingeladen hatte, hatte sie Miriam vorgeschlagen, ein Memory Book zu schreiben. Sie hatte von Frauen erzählt, die eins oder mehrere geschrieben hatten. Sie hatte erzählt, dass sie Gruppen darin unterrichte, und Miriam vorgeschlagen, einmal vorbeizukommen. Sie hatte gesagt, es wäre gut, wenn sie ihren Kindern etwas hinterließe, und es würde auch ihr guttun. Miriam hatte sich höflich bedankt und erklärt, sie werde darüber nachdenken. Doch sie wollte dem Tod nicht die Tür öffnen, nicht jetzt. Nie! Sie wollte einfach nicht daran denken.

Doch am Ende jedes Tages kam die Nacht, und mit ihr kamen die Gedanken.

Ein Hund heult, und irgendwo in der Dunkelheit lacht eine Frau. Miriam fröstelt. Frösche quaken, und am Firmament funkeln, als wäre nie etwas geschehen, die Sterne. Ein leiser Wind geht. Die Flamme der Öllampe flackert.

Miriam löscht sie.

Die Luft flirrt, und Insekten surren um Dennis' Kopf, als er am nächsten Tag von der Schule nach Hause geht. Er wischt die Fliegen fort, die auf seiner Stirn, seinen Wangen, seiner Nase landen. Die Schultern hochgezogen und leicht schlurfend läuft er an flachen Büschen und dichten Maisfeldern vorbei, über trockene Grasbüschel und Blätter. An seinen Sandalen klebt dick der Staub.

Chrissi hat schon am Mittag Schulschluss gehabt; die Kleinen dürfen früher nach Hause gehen. Doch Chrissi hatte sich geweigert und geweint, sie wollte nicht ohne ihren Bruder gehen. Sie hatte Angst.

Dennis läuft in den Ort, die Straße entlang zum Laden seiner Tante. Er sieht einen Mann, der auf einer Kiste vor einem Laden sitzt und Radio hört; Dennis erkennt die Stimme von Robert Mukasa. Er geht an einem Haus vorbei, vor dem eine Laterne steht, die nie brennt. Er verscheucht ein paar Hühner; die Hennen gackern empört. Dennis hofft, dass Chrissi schon bei der Tante ist. Und er darf nicht vergessen, ihre Hausaufgaben zu kontrollieren, denn der Lehrer hat seine Schwester schon mehrmals ermahnt.

Die Tante sitzt auf einem Reissack vor ihrem Laden, unter dem Werbeplakat für Schulhefte: *Großes Heft – kleiner Preis*. Sie steht auf, als Dennis die Stufen hinaufsteigt. »Hallo, Dennis«, sagt sie. »Wie geht es dir?«

»Mir geht es gut, und dir?«

»Uns geht es auch gut. Aber du kommst spät.«

»Ist Chrissi schon da?«

Die Tante deutet mit dem Kopf auf einen kleinen Raum neben dem Laden.

Chrissi und die Kinder der Tante sitzen auf Grasmatten und essen. Sie greifen mit den Fingern in eine Schüssel mit Reis. Sie schieben sich Bohnen in den Mund, und Soße tropft ihnen vom Kinn. Dennis setzt sich zu ihnen und langt in die Schüsseln, formt kleine Klumpen, tunkt sie in die Soße und schiebt die Päckchen in den Mund. Die Tante stellt eine Plastikflasche mit Wasser auf den Tisch, und Chrissi greift danach, wischt sich mit dem Handrücken über die Lippen und trinkt. Die Tante schimpft und nimmt die Flasche und gießt Wasser in Becher, die sie auf den Tisch stellt.

Nach dem Essen hilft Dennis seinen Cousinen, das Geschirr zusammenzuräumen. Dann geht er in den Laden. Er würde gern seinen Onkel, der hinter der Theke steht, fragen, ob er eine Limonade bekommt. Doch der Onkel spricht mit einer Frau, sie verhandeln über den Preis für ein Huhn, das die Frau kaufen will. Dennis schlendert zwischen den Tüten mit Chips und Erdnüssen und Waschpulver entlang. Er mag die blechernen Sardinendosen, die sich im Regal stapeln, und die bunten Päckchen mit Tee, auf denen in fremder Schrift etwas steht, das er nicht lesen kann. Er mag den Geruch der kleinen Seifenstücke und die Bonbons, die in der Sonne in ihren Gläsern glitzern. Er lehnt sich gegen einen Reissack und sieht seinem Onkel und der Frau zu.

Später sitzt Dennis mit einer Limonade an einem niedrigen Tisch vor dem Haus. Er nimmt einen Stift aus seiner Schachtel und schlägt sein Heft auf. Er muss Mathematikaufgaben lösen und einen Aufsatz über Fledermäuse schreiben. Ausgerechnet Fledermäuse. Der Onkel kommt aus dem Laden und schaltet das Radio ein, das an einem Gurt über der Tür hängt. Wieder hört Dennis die Stimme von Robert Mukasa. »Leute, heute sprechen wir hier bei *Straight Talk Radio* mit Susan, die positiv mit HIV lebt. Susan, wie lange weißt du schon, dass du HIV-positiv bist?«

»Seit zwei Jahren. Ich hatte einen *Sugar Daddy*, einen Freund, der viel älter war als ich, aber wenn ich Sex mit ihm hatte, hat er mir Geld gegeben, und ich konnte etwas zu essen für meine Geschwister und mich kaufen.«

»Das ist eine traurige Geschichte, Susan«, sagt Robert Mukasa. »Leute, hört mir zu, vor allem die Mädchen unter euch: Lasst euch nicht von alten Männern für ungeschützten Sex bezahlen. Geht zu einer Aidsberatung. Oder schreibt mir! Es gibt Einrichtungen in Uganda, die Waisenkindern helfen! Riskiert nicht eure Gesundheit für ein bisschen Brot.«

Und dann spielt Robert ein Lied von den *Uganda All Stars,* das Dennis auch gern hört: *A little bit of love*. »Ich widme das Lied all denen dort draußen, die etwas gegen HIV und Aids tun«, sagt Robert. Sogar Dennis' Onkel kennt das Lied und summt mit, während er ein paar Granatäpfel blank reibt.

Robert stellt gerade eine neue Preisfrage, als eine Nachbarin kommt, um seiner Tante Zöpfe zu flechten. Die Tante breitet eine weitere Bastmatte aus, und bald sitzen alle im Schatten vor dem Laden, die Tante, die Nachbarin, die Kinder der Tante, die Mädchen und Jungen aus der Nachbarschaft und Chrissi und Dennis. Sie schauen zu, wie die flinken Finger der Nachbarin viele kleine dünne Zöpfe flechten. Chrissi pflückt eine Hibiskusblüte und steckt sie der Tante zwischen die Zöpfe. Dennis lacht, und seine schönen Zähne blitzen, und Chrissi freut sich, denn ihr Bruder lacht selten. Sie pflückt noch eine Hibiskusblüte und versucht sie ihm ins Knopfloch zu stecken.

Als die Geschwister kurz vor Einbruch der Dämmerung nach Hause gehen, gibt die Tante ihnen eine Tüte mit Bananen mit. Sie legt auch noch eine Mango dazu und ein paar Erdnüsse. Sie hat ihrer Schwester, als sie noch lebte, versprochen, für die Kinder zu sorgen.

Der Weg vom Laden der Tante zu ihrem Haus ist nicht weit. In ihrem Zimmer angekommen, legt Dennis das Obst in eine Blechschüssel. Er nimmt eine leere Wasserflasche und schickt Chrissie hinaus, um sie aufzufüllen. Er selbst trägt die Schüssel mit dem Obst hinüber ins Küchenhaus, wo die Nachbarsfamilie gerade isst. In einem großen Topf dampft *Matoke*. Die Frau hat außerdem *Posho* zubereitet. Dennis sieht kein Fleisch auf den Tellern. Er hofft, dass der Mann die nächste Miete pünktlich bezahlen wird.

Es ist dunkel, als Dennis und Chrissi vor der Tür sitzen, das Memory Book auf ihren Knien. Stumm lesen die Kinder, was ihre Mutter geschrieben hat: *Zu Hause in meiner Familie war ich das jüngste Kind, und meine Eltern liebten mich über alles. Dass meine Mutter mich stillte, bis ich vier Jahre alt war, zeigt, wie sehr sie mich liebte. Meine Eltern beschützten mich, wenn andere Kinder mich schlagen wollten. Ich fühlte mich so sicher, wenn sie in meiner Nähe waren …*

Chrissi kaut auf ihrer Unterlippe und schlenkert mit den Beinen. Dennis stützt den Kopf in eine Hand, mit der anderen blättert er die Seite um. Er seufzt. Und blättert weiter, bis er das Foto findet, das sie schon so oft betrachtet haben: Mutter und Vater nebeneinander auf einer Bank. Der Vater trägt helle Hosen und ein braunes Hemd, unter der Manschette schaut seine Armbanduhr hervor. Die Mutter trägt einen festlichen gelben *Gomesi* und türkisfarbene Sandalen; die Schuhe hat die Tante später mitgenommen. Neben der Bank, auf der die Eltern sitzen, steht ein Tisch mit einem weißen Tischtuch. Dennis kann sich nicht erinnern, wann das Foto gemacht wurde. Vielleicht war er damals noch gar nicht auf der Welt, denn die Eltern sehen sehr jung aus.

Eine Weile betrachten die Geschwister das Foto. Dennis fährt sich über seine kurzen Haare, seine kleine Schwester kaut auf ihrer Lippe. Dennis blättert um und irgendwo hinter dem Geräusch der Seiten und den Stimmen der Nachbarn und den Hühnern, die im Sand scharren, hört er die Stimme seiner Mutter. *Dennis, als du ein Baby warst, liebten deine Eltern und deine Großeltern dich sehr. Dein Großvater kam kurz nach deiner Geburt, überglücklich und beladen mit Geschenken. Er war es auch, der dir den Namen Dennis gab …*

Betty greift nach der Hand ihrer jüngsten Tochter, und die beiden machen sich auf den Weg. Sie laufen im Schatten der Mangobäume zwischen den Rundhütten hindurch, vorbei am Küchenhaus und an der Hütte, in der sie schlafen, an der Hütte des ältesten Sohnes Andrew, am Stall der Tiere. Gras und Laub knistern unter ihren Schritten. Wind rauscht durch die Blätter. Betty hält Lucys Hand, und Lucy hüpft neben ihrer Mutter von einem Bein aufs andere. Ihr Kleid rutscht ihr über die Schulter, ihre perlengeschmückten Zöpfe wippen.

Dann treten sie aus dem Schatten des Mangobaums.

Vor ihnen liegen acht Gräber, fünf große und drei kleine. Am Grab ihres Mannes bleibt Betty stehen. Sie lässt Lucys Hand los und bekreuzigt sich. Das Mädchen greift nach dem Rock der Mutter, presst sein Gesicht in den grünen Stoff, schmiegt sich an ihr Bein.

Betty faltet die Hände. Aufrecht und hoch gewachsen steht sie da und schaut auf die rechteckige Grabplatte aus Zement, in die der Name ihres Mannes eingraviert ist, das Datum seiner Geburt, der Tag seines Todes. Sie lässt ihren Blick über die anderen Gräber wandern. Ihr Mann starb als erster, im Jahr darauf starben zwei ihrer Kinder. Im Jahr darauf das jüngste Kind der Tante und eine Cousine. Im Jahr danach zwei Cousins und der Mann der Tante. Die späte Sonne taucht ihre Gräber in sanftes Licht. Grashalme ragen über die steinernen Kanten, und überall schießen Triebe und Unkraut aus dem Boden. Irgendwo hackt jemand Holz mit einer Axt.

Betty betet. Sie betet auf Teso, murmelt Litanei um Litanei, monoton und gleichmäßig fließen die Worte aus ihrem Mund. Lucy lutscht am Daumen und sieht der Mutter zu. Sie findet eine unreife Mango im Gras und hebt sie auf. Ein Pfau stolziert vorbei und schlägt sein Rad, und in einer Hütte weint ein Kind. Betty schließt die Augen.

Sie hatte nicht gewusst, dass ihr Mann krank war.

Erst nach seinem Tod, als man auch bei ihr den HI-Virus fand, hat sie von dieser Krankheit namens Aids erfahren.

Leise betet Betty für ihren Mann, für ihre Kinder.

Sie weiß, dass auch sie sterben wird. Doch sie fürchtet den Tod nicht. Alle Menschen müssen eines Tages sterben, auch vor Aids starben die Leute, wenn ihre Zeit gekommen war. Wenn es Gottes Wille ist, ist es Gottes Wille.

Betty öffnet die Hände und streckt die Handflächen gen Himmel. Der Wind bläst in ihren *Gomesi*, bläht die Puffärmel, den bauschigen Rock. Lucy verkriecht sich in den Rockfalten. Mit einer Hand, und ohne ihr Gebet zu unterbrechen, zieht Betty ihre Tochter hervor. Lucy reibt ihren Kopf am Bein der Mutter.

Betty preist den Herrn und die Mutter Gottes. Sie nimmt Medikamente, doch manchmal gibt es in der Klinik keine Tabletten mehr, und sie hat kein Geld, um in die nächste Stadt zu fahren. Sie ist schwächer geworden. Sie kann keine schweren Dinge mehr tragen. Sie war einmal rundlich; wer sie nun sieht, glaubt das nicht.

Mit einem geflüsterten »Amen« beendet sie ihr Gebet.

Sie öffnet die Augen und schaut auf die Gräber. Sie bekreuzigt sich ein letztes Mal und stupst Lucy an der Schulter. Sie wünscht sich, dass ihre älteren Kinder zur Schule gehen, einen Abschluss machen, in die Stadt ziehen und Geld verdienen. Dann hätten sie alle ein besseres Leben, auch die, die hier blieben, denn sie würden unterstützt werden. Die Familie würde zusammenhalten, und die Großen würden sich um die Kleinen kümmern – wenn Gott eines Tages auch Betty zu sich holte.

Betty lächelt ihr weiches Lächeln und greift nach Lucys Hand. Der Wind bläst Blüten von einem Zweig des Mangobaums und weht sie auf das Grab des Vaters. Lucy kann sich nicht an ihn erinnern; sie war ein Baby, als er starb.

»Lucy«, sagt Betty, »weißt du, was ich mir für dich wünsche?«

Lucy schaut ihre Mutter fragend an. Und Betty singt ein Lied:

Lucy, Lucy, ich wünsche mir,
dass du ein kluges Mädchen wirst,
dass du studierst, ein Diplom bekommst,
und dass du eine gute Zukunft hast.

Lucy, Lucy, ich wünsche mir,
dass du anderen Menschen hilfst,
dass du deine Herkunft nie vergisst,
und dass du sehr viele Kinder bekommst.

Lucy, Lucy, ich wünsche mir,
dass du im Leben glücklich wirst,
dass du immer, immer gesund bleibst,
und dass du immer an mich denken wirst …

Hand in Hand und singend gehen Betty und Lucy den kurzen Weg von den Gräbern zurück zu ihren Rundhütten.

Sechs

Wieder in Deutschland, war ich voller Eindrücke, hatte Informationen gesammelt, Frauen, Mütter, Kinder, Waisen getroffen. Doch ich hatte – bis auf Christine – keine Interviewpartnerinnen für meinen Film.

Als ich in Kampala das Büro von *Nacwola*, einer Selbsthilfeorganisation für HIV-positive Mütter (»National Community of Women Living with HIV/AIDS in Uganda«) aufgesucht hatte, war man mir zurückhaltend begegnet. Zwar hatte man höflich mein Anliegen angehört, doch niemand zeigte großes Interesse daran, mir bei den Recherchen behilflich zu sein und Kontakte zu infizierten Frauen herzustellen, die für ihre Kinder ein Memory Book schrieben. Man misstraute mir; man wisse schließlich nicht, welche Absicht ich mit meinem Film verfolgte, wie ich das Land, seine Probleme oder *Nacwola* am Ende darstellen würde.

Ich beteuerte meine guten Absichten. Die Zurückhaltung blieb.

Man sagte, die Menschen seien arm; wenn ich etwas von ihnen wolle, müsse ich auch etwas geben, Geld. Mein Budget war knapp, doch ich bezahlte. Man führte mich zu verschiedenen Müttern. Bei den Gesprächen war stets eine *Nacwola*-Mitarbeiterin anwesend. Man ließ mich nicht aus den Augen.

Am Ende gab ich entnervt auf.

Trotzdem war ich zuversichtlich, bei einer nächsten Reise Müttern – und Waisenkindern – zu begegnen, die mir ihre Geschichte erzählen und sich filmen lassen würden, denn immerhin hatte ich nun einen Eindruck von der Situation im Land. Gespräche mit Christine hatten mir das Ausmaß der Katastrophe deutlich gemacht, sie hatten mir aber auch gezeigt, dass Uganda sich im Umbruch befand und dass es Menschen gab, die Aids und seinen Folgen mit Mut und Kraft entgegentraten. Ich war in der Lage, ein Treatment zu schreiben, und würde per E-Mail Kontakt zu weiteren Hilfsorganisationen aufnehmen. Außerdem war die Memory-Book-Idee noch jung; in Zukunft würden immer mehr Eltern eines schreiben.

Afrika ist reich, an Rohstoffen und an Arbeitskräften. Und es ist arm, denn im globalen Handel spielt es kaum eine Rolle.

Es ist problematisch, schreibt die kanadische Journalistin Stephanie Nolen, 53 Länder über einen Kamm zu scheren und von ihnen nur als »Afrika« zu sprechen. Es gibt große Unterschiede zwischen dem wohlhabenden Südafrika und dem anarchischen Somalia, dem Wüstenstaat Mali und dem Königreich Lesotho. Doch es gibt auch Gemeinsamkeiten – das Erbe des Kolonialismus, Armut und Korruption, Kriege und größenwahnsinnige Despoten. Und die Tatsache, dass Aids nirgendwo auf der Welt so wütet wie in den Ländern Afrikas.

Uganda gilt wirtschaftlich als vergleichsweise entwickeltes Land. Zwar zählt es laut Weltbank mit einem Pro-Kopf-Einkommen von 280 US-Dollar pro Jahr zu den ärmsten Ländern der Welt, doch verzeichnet das Land seit dem Amtsantritt von Präsident Museveni ein beständiges Wirtschaftswachstum von fünf bis sechs Prozent pro Jahr. Diese Erfolge sind gefährdet – denn das HI-Virus tötet die, die mitten im Leben stehen, die arbeiten, produzieren, konsumieren, die Wirtschaft in Schwung halten. Wie zur Zeit der Sklaverei sind es die Zwanzig-, Dreißig-, Vierzigjährigen, die ihr Leben lassen; zurück bleiben Kinder und Alte. Diese Entvölkerung hat weitreichende Konsequenzen, auch volkswirtschaftlich.

Uganda reagierte früh auf die Bedrohung. Mitte der 80er-Jahre, als andere leugneten, dass es Aids in ihren Ländern gab, startete Präsident Museveni eine groß angelegte Aufklärungskampagne, in die er alle gesellschaftlichen Gruppen einband. Die *Aids Support Organisation TASO*, die erste Selbsthilfegruppe in ganz Afrika, bot Beratung, Kondome und häusliche Pflege für Aidskranke an, verbreitete die Vorstellung von einem »positiven Leben« und kämpfte für die Rechte HIV-Infizierter. Langsam änderte sich das Klima in der Gesellschaft, wenngleich HIV und Aids, Sexualität und Tod noch immer ein Stigma anhaftet. Uganda gelang es laut WHO und UNAIDS, die Infektionsrate von rund

20 Prozent in den 90er-Jahren auf heute weniger als sieben Prozent zu senken.

Aufklärung, Kondome und die allerorten durch Radioprogramme, Prediger und Plakate verbreitete ABC-Regel, die Beschwörung von Keuschheit, Treue und Abstinenz, helfen aber nur bedingt.

Uganda investiert in die Bildung seiner Bürger. Doch Menschen, die eine akademische Ausbildung absolviert haben und mit ihrem Wissen ihr Land beim wirtschaftlichen Aufbau unterstützen könnten, sterben. Kranke und sterbende Mitarbeiter sorgen in Unternehmen für massive Arbeitsausfälle und Verluste, berichtet der deutsche Journalist Bartholomäus Grill, der lange Jahre in Südafrika gelebt und gearbeitet hat. Die Deutsche Stiftung Weltbevölkerung warnt: Auch in der Landwirtschaft fehlen Arbeitskräfte. Menschen mit geringer Qualifikation ziehen derweil in die Städte und über Grenzen, auf der Suche nach einem besseren Leben. Die erzwungene Mobilität entwurzelt Menschen. Wanderarbeit zerreißt Familien, Dörfer und Gemeinschaften, fördert Alkoholismus, Aggression, Prostitution, Gewalt und nicht zuletzt die flächendeckende Ausbreitung des Virus. Meist sind es die Männer, die zum Geldverdienen in die Städte abwandern; sie schützen sich nicht und infizieren ihre Frauen, wenn sie nach Hause zurückkehren.

Antiretrovirale Medikamente sind im Westen die Standardtherapie für HIV-Infizierte, seit 1987 AZT als erstes Medikament dieser Art zugelassen wurde. Sinkt die Zahl der weißen Blutkörperchen, der CD4-Zellen, auf einen Wert unter 350–400 – beziehungsweise in

Afrika auf unter 200 –, bekommen Patienten antiretrovirale Medikamente, die das Virus daran hindern, sich im Körper zu vermehren. Sie müssen regelmäßig eingenommen werden, sonst bildet der Körper Resistenzen.

In Afrika sterben Millionen Menschen, weil sie diese Medikamente nicht bekommen. Weil es kein funktionierendes Gesundheitssystem gibt; weil es trotz staatlicher Versorgung zu Engpässen kommt und Kliniken nicht mit Medikamenten beliefert werden – wie es in Uganda vorkommt –; weil Pharmakonzerne lange auf Patentschutz bestanden, die Herstellung billiger Generika verhinderten, sodass Anti-Aids-Medikamente für 95 Prozent der HIV-Infizierten unerschwinglich blieben; weil nur sehr wenige Menschen die Medikamente selbst bezahlen können; weil Menschen aus Angst vor Stigmatisierung auf eine Behandlung verzichten; weil viele Kranke kein Geld für ein Sammeltaxi haben oder noch nicht einmal ein Fahrrad besitzen, um in den nächsten Ort, die nächste Stadt, ins nächste Krankenhaus, zum nächsten Arzt zu gelangen.

Das Ausmaß der Pandemie hat inzwischen nicht nur Betroffene mobilisiert, sondern auch Politiker und einflussreiche Unterstützer im Westen. So gründeten die Vereinten Nationen 2001 den Globalen Fonds zur Bekämpfung von Aids, Tuberkulose und Malaria, eine Einrichtung, getragen von den Regierungen der Industrienationen, die Projekte zur Aidsbekämpfung finanziert. Dennoch fehlen den betroffenen Ländern bis heute immense Geldbeträge, um angemessen auf Aids zu reagieren.

So sterben in Afrika weiterhin Millionen Menschen an Aids. Ihre Kinder werden Waisen. Traditionelle Familienstrukturen zerfallen, und immer mehr Waisen müssen sich allein durchschlagen. Kinder und Jugendliche sorgen für das Überleben ihrer Geschwister, arbeiten, statt zur Schule zu gehen, können sich einen Schulbesuch nicht mehr leisten. Es wächst eine Generation mit geringer Bildung heran. Die Zahl der Analphabeten steigt. Dem Staat fehlen qualifizierte Arbeitskräfte, die Produktivität sinkt, die Kaufkraft schwindet, die Steuereinnahmen sinken, die Staatsausgaben für Gesundheit und Bildung zwangsläufig ebenfalls, während die Gesundheitskosten explodieren.

Das Wirtschaftswachstum stagniert.

Aidswaisen sind extrem armutsgefährdet, wobei Mädchen aus verschiedenen Gründen einem höheren HIV-Infektionsrisiko ausgesetzt sind als Jungen.

Aids ist die größte Bedrohung für wirtschaftliche Entwicklung, Demokratie und Sicherheit in den Ländern Afrikas.

Sieben

Anita geht die Straße hinab in Richtung Park. Dämmerung sinkt über Kampala, und in der Ferne, auf einem der Hügel, sieht sie, wie die Umrisse der Kibuli-Moschee mit ihren Kuppeln, Türmen und dem Minarett langsam in der Dunkelheit verschwinden.

Ein Lastwagen poltert durch ein Schlagloch, und ein Mopedtaxi rast vorbei. Dicht an dicht schieben sich Autos in Richtung Innenstadt. Der Asphalt dampft noch vom letzten Regenguss, Anita versucht, den Pfützen auszuweichen; ihre Absätze klackern bei jedem Schritt. Sie läuft am *Welcome*-Supermarkt vorbei, aus dem zwei Frauen treten, voll beladen mit Einkaufstüten. Sie läuft an einer Kirche vorbei, in deren Innerem ein Chor singt. Sie läuft an Auspufftöpfen vorbei, die ein Händler am Straßenrand aufgepflanzt hat wie Bäume, am Kaufhaus, das im ersten Stock eine Reihe Schaufensterpuppen ans Balkongeländer gebunden hat, am *Shoe Care Centre*, an der Tankstelle, an Lailas Schönheitssalon. Sie überquert die Straße, schlängelt sich zwischen Sammeltaxis, Bussen und Fahrrädern hindurch, umkurvt Satellitenschüsseln und eine kleine

Rinderherde, passiert eine übermannshohe Reklametafel, die für Zahnpasta wirbt, und eine noch größere, auf der vier junge Frauen und Männer Bücher, Mappen und Hefte in den Händen halten und lächeln. *Sex kann warten, aber meine Zukunft nicht* steht in roten Lettern auf dem Plakat. Und: *Seid enthaltsam, um HIV und Aids zu verhindern.*

Anita biegt in eine Seitenstraße. Eine Frau balanciert einen Korb Mangos auf dem Kopf, eine andere verkauft geröstete Maiskolben. Geschäfte und Bars reihen sich aneinander, und aus allen klingt Musik und Gelächter. Überall brennen Lichter, bunte Lampen. Ein paar Touristen verlassen ein Hotel; sofort laufen Kinder herbei, die *Mzungu!* rufen und *Mister, money!* Anita weicht einem Moped aus und stößt beinahe mit einem Mann zusammen. Er trägt ein T-Shirt, auf dem *Hard Rock Cafe Piraeus* steht, und schnalzt ihr hinterher. Anita ignoriert ihn und verschwindet in einer der Bars.

In einer Kammer im ersten Stock schlüpft sie in die schwarze Jeans, in die sie Löcher geschnitten hat, sodass die Haut ihrer Schenkel durchblitzt. Sie streift das glitzernde Top über, schnallt den Nietengürtel um. Sie bürstet ihr Haar, das rötlich schimmert, tuscht die Wimpern, malt einen Lidstrich, trägt Lippenstift auf. Aus der Kammer nebenan dringen kratzige Geräusche eines Transistorradios herüber. Anita zieht eine Zigarette aus ihrer Handtasche und schaut auf die Uhr. Es ist kurz nach acht.

Die Stadt bereitet sich langsam auf die Nacht vor.

Anita setzt sich auf die harte, klumpige Matratze und

raucht ihre Zigarette. Dann zupft sie ihr Top zurecht, wirft einen letzten Blick in den Spiegel. Die Kondome lässt sie liegen. Ohne verdient sie mehr.

Die Bar ist noch leer. Im schummerigen Licht stehen drei Männer an der Theke, trinken Bier. Zwei Kolleginnen schmiegen sich bereits an sie, wiegen die Hüften. Anita zieht ihre Jacke an und beschließt, zur Disco zu gehen.

Auf den Straßen tanzen Frauen, und Männer lehnen mit verschränkten Armen an Autos, die ihnen nicht gehören. Ein junges Mädchen ruft mit schriller Stimme »*Heeyyy!!*«, trillert, reißt die Arme hoch und windet ihren Körper im Rhythmus der Musik, die hinter ihr aus einer Karaoke-Bar dröhnt. Ein Junge stellt einen Gettoblaster auf ein Autodach und dreht Popmusik auf. Anita schlängelt sich vorbei, geht die Straße entlang. Sie bemerkt die Blicke der Männer, doch sie beachtet sie nicht. Vor ein paar Jahren hat sie auch mit ihren Freunden in Bars und Discos getanzt; es kommt ihr so vor, als sei das schon sehr lange her.

Anita schlüpft an den Türstehern vorbei und mischt sich unter die Gäste. Hier drinnen ist die Musik noch lauter als auf der Straße, überall tanzen Frauen in knappen Tops, engen Hosen, glitzernden Kleidern. Die Luft ist feucht und schwül und satt von Stimmen. Eine Kellnerin in weißer Bluse balanciert ein Tablett mit Gläsern durch die Menge, und der DJ wechselt die Musik. Anita geht zur Bar hinüber. Sie fährt sich mit der Zunge über die Lippen, streckt die Brust raus. Sie setzt sich auf einen Hocker, schlägt die Beine übereinander.

Es dauert nicht lange.

»Wie heißt du?«, fragt ein Mann. Groß, dunkel, muskulös, weißes Hemd.

»Chantal.«

»Hey, Chantal, was willst du trinken?«

Anita blickt unter ihren langen Wimpern vor, schürzt die Lippen, zündet sich eine Zigarette an und bläst langsam den Rauch aus. Sie taxiert ihr Gegenüber und rechnet.

Eine Freundin hatte ihr vorgeschlagen, es einmal zu probieren. Anita hatte Geld gebraucht und es versucht. Anfangs war es ihr schwergefallen, inzwischen hat sie sich daran gewöhnt. Sie ist noch sehr jung, das Geschäft läuft gut, sie hat mehrere Kunden pro Nacht. Sie weiß, dass es gefährlich ist, dass sie sich infizieren kann, dass viele Männer Kondome ablehnen. Sie weiß auch von den Vergewaltigungen und von dem immer noch verbreiteten Aberglauben, eine HIV-Infektion durch Sex mit einer Jungfrau kurieren zu können. Einmal hat sie so einen Mann getroffen; er hatte sie noch jünger geschätzt, als sie war. Anita hat ihre Freundin und andere Frauen krank werden und sterben sehen. Sie versucht, nicht daran zu denken. Sie sagt sich: lieber morgen an Aids als heute an Hunger sterben.

Gegen drei Uhr morgens geht Anita noch einmal zurück in die Disco. Auf der Tanzfläche winden sich blutjunge Mädchen, schwingen ihre Hüften, rollen, kreisen, recken ihre Brüste, Männer tanzen lasziv und aufreizend, alle lachen, alle amüsieren sich, als gäbe es die Krankheit nicht. Die Kellnerin in der weißen Bluse wirkt müde, als sie ihr Tablett absetzt. Anita bestellt ein Bier. Sie ist auch müde, doch sie entdeckt eine Gruppe weißer Männer und nimmt sie ins Visier. Einer tanzt; er bewegt sich wie ein verwundetes Tier, mühsame, plumpe Bewegungen, ohne Eleganz. Anita zündet sich eine Zigarette an. Sie denkt an ihren Mann; er war ein großartiger Tänzer. Nach der Geburt ihrer Tochter zog er fort, nach Südafrika. Um Geld zu verdienen, sagte er. Sie hat ihn nie wiedergesehen.

Einer der weißen Männer entdeckt Anita, zwinkert ihr zu. Lässt seine Kumpel stehen, kommt zu ihr herüber. »What's your name?«, fragt er.

Ein Amerikaner? Gut, Amerikaner sind reich.

Anita lächelt, gurrt: »My name is Chantal …«

Später, als die Männer fort sind, holt Anita die Flasche aus ihrer Handtasche. Sie spült den Mund aus, zündet eine Zigarette an, inhaliert tief und nimmt noch einen Schluck Gin. Sie zieht ihre Jeans aus, schlüpft in einen Rock, eine Bluse, zieht ihre Sandalen an. Als sie die Bar verlässt, geht über dem Sanatan-Dharm-Mandir-Tempel golden und groß die Sonne auf. Anita denkt an ihre Eltern, ihren Bruder, der sie als Mädchen beschützt und jeden Tag zur Schule begleitet hat. Sie will die Bilder beiseitewischen, doch sie ist zu müde, sich gegen die Erinnerungen zu wehren. Die mageren Körper, aus denen die Knochen hervorstehen, ihre riesengroßen Augen. Ihre ausgefallenen Haare, die kahlen Köpfe. Ihr scharrender Husten, das atemlose Keuchen. Der ständige Durchfall.

Anita setzt ihre Sonnenbrille auf und biegt um die

Straßenecke, geht vor zur Hauptstraße. Sie geht an dem Aids- und dem Zahnpasta-Plakat vorbei, an Lailas Schönheitssalon, der Tankstelle, dem *Shoe Care Centre*, dem Kaufhaus. Nachdem ihr Mann sie verlassen hatte, hat sie eine Zeit lang als Verkäuferin gearbeitet. Später versuchte sie es als Dienstmädchen, dann als Gelegenheitsarbeiterin in einer Fabrik. Alles war besser als Feldarbeit und der Alltag auf dem Land. Doch es hatte nie zum Leben gereicht. Von ihrem jetzigen Beruf weiß niemand, aber Anita verdient genug, um die Familie zu ernähren, die Schulgebühren für ihre Geschwister und Cousins und demnächst für ihre Tochter zu bezahlen. Sie kann Kerosin, Seife und Kleider kaufen.

Manchmal, am Ende einer langen Nacht, quält Anita der Gedanke, sie könne sich infiziert haben. Doch soll sie wieder als Verkäuferin arbeiten und ein Leben leben, in dem das Geld hinten und vorne nicht reicht? Mit einem Ehemann, der auch auf Sex ohne Kondom besteht und fremdgeht, sich infiziert und sie dann ansteckt?

Anita weicht einem hupenden Lastwagen aus und überquert die Straße. Vor dem *Welcome*-Supermarkt stapelt der Besitzer Papayas und Ananas, Melonen und Mangos zu kunstvollen Pyramiden.

Weißer Dunst hängt über Wiesen, Feldern und Häusern, als Winnie aufbricht. Sie hat der Ziege einen Strick umgebunden, die beiden Zicklein trägt sie im Arm. Es sind dürre Wesen, kaum größer als eine Katze, die die Beine recken, sich sträuben und doch jedes Mal hinfallen, wenn Winnie sie auf den Boden setzt.

Winnies Cousin und ein Nachbarsjunge laufen hinter ihr her, durch Maisfelder und Bananenplantagen. Auch sie stolpern auf ihren kurzen Beinen. »Ihr fallt genauso oft hin wie die Zicklein«, ruft Winnie und bleibt stehen, um auf die Jungen zu warten. Neben ihr steigt aus einer Akazie ein Schwarm Fledermäuse auf.

Unterdessen rollt Harriet drei Bastmatten zusammen; die letzte hat sie am Abend zuvor fertiggestellt. Sie zieht ihren langen Jeansrock und die ärmellose, dazu passende Bluse an und schiebt sich eine hübsche Spange ins Haar. Dann zählt sie das Fahrgeld ab, nimmt ihre Handtasche und verlässt das Haus.

Harriet geht den Weg zwischen den Nachbarhäusern, Hütten und Büschen entlang, bis sie zur Hauptstraße gelangt. Sie begegnet Frauen und Kindern, die mit leeren Kanistern zur Wasserstelle ziehen. Sie geht an kleinen Läden vorbei, deren Besitzer gerade die Türen aufsperren und T-Shirts, Taschen, Hemden hinaushängen. Sie sieht zwei Jungen, die einem kleinen Mädchen, das in einem schwarzen Tschador gehüllt ist, helfen, über einen Abwassergraben zu springen. Sie weicht Hühnern und Ziegen aus und Hunden, die sich im Staub wälzen. Sie läuft bis zu dem Platz, an dem die Sammeltaxis abfahren, und steigt in einen der weißen Kleinbusse.

Harriet zwängt sich mit ihren Matten auf die Rückbank und bezahlt ihr Fahrgeld. Im Radio sagt ein Moderator: »Diskriminiert niemanden, der HIV-positiv ist ...«, und dann spielt er ein Lied. Harriet stützt einen Arm auf die Lehne vor sich, schaut aus dem Fenster und wartet, bis der Fahrer losfährt.

Die Fahrt in die Hauptstadt dauert eine Dreiviertelstunde. Das Sammeltaxi rast über die rote Sandpiste, zwischen Lastwagen hindurch, die einander in waghalsigen Manövern überholen, Staub wirbelt durch die Luft und hüllt Menschen, die am Straßenrand gehen, ein, bis sie fast nicht mehr zu sehen sind; einige halten sich Tücher vor Mund und Nase.

Irgendwann reihen sich immer mehr armselige Hütten aneinander, zusammengezimmert aus Holz, Blech, Pappe, Müll. Jedes Mal wenn sie an den Slums in den Außenbezirken Kampala vorbeifährt, schaudert es Harriet. Sie weiß, dass dort viele leben, die auf der Suche nach Arbeit in die Stadt gezogen und gescheitert sind. Sie weiß, dass viele Bewohner HIV-positiv sind.

Je näher sie dem Markt kommen, desto voller werden die Straßen. Autos quälen sich nun im Schritttempo vorwärts, Mopeds knattern zwischen ihnen hindurch, Radfahrer schlängeln sich an Lastwagen vorbei, auf den Lenkstangen stapeln sich Kartons, auf den Gepäckträgern sitzen Frauen und Kinder. Doch irgendwie bewegen sich alle unbeirrt weiter ihrem Ziel entgegen.

Am Sammeltaxiparkplatz hält der Fahrer. Harriet läuft zwischen zahllosen Kleinbussen hindurch in Richtung Markt. Eine Frau mit einem Jungen auf dem Arm überquert die Straße; der Junge trägt ein weißes Hemd und eine Krawatte. Ein Straßenverkäufer balanciert Bananen auf dem Kopf; er trägt ein T-Shirt mit der Aufschrift CHANEL, in weißen Blockbuchstaben prangt der Schriftzug auf seiner Brust. Ein Mann trägt ein Gewehr, eine Frau schleppt einen Koffer. Ein Händler breitet blütenweiße Unterhemden aus – wie weiße Fahnen aus Feinripp flattern sie im Wind.

Harriet erreicht den Markt und läuft zwischen den Ständen entlang. Sie geht unter Sonnenschirmen hindurch, vorbei an Körben, Plastikbadewannen, Satellitenschüsseln aus Altmetall, Handtüchern und Hüten, bis sie den hinteren Teil erreicht, wo keine Schirme mehr stehen und die Händler ständig wechseln. Ein paar Männer rufen ihr hinterher, doch Harriet beachtet sie nicht. Als sie einen Platz findet, rollt sie eine alte Matte auf der lehmigen Erde aus und breitet ihre drei Bastmatten aus, drapiert sie nebeneinander, sodass ihre Farben und feinen Muster in der Sonne leuchten. Harriet hat schöne Farben ausgewählt, himmelblau, rosa, grasgrün, und die Matten sehr sorgfältig geflochten. Zwei, drei Wochen hat sie an jeder Matte gearbeitet. Von dem Geld wird sie Winnies Schulgebühren, das Essensgeld und die neue Schuluniform bezahlen. Schwieriger wird es mit den Schulbüchern, sie sind teuer, und ihre Tochter braucht immerfort neue. Harriet wird auch Angelas Schulgebühren bezahlen und hofft, dass das Geld reicht, um noch für Patrick zu bezahlen, sodass er nicht länger zu Hause herumsitzt oder mit dem Fahrrad durch die Gegend fährt.

Harriet sitzt am Boden und sieht Beine an sich vorbeispazieren, sieht Füße und Schuhe. Ein Paar weiße Pumps bleiben stehen. Eine Frau bückt sich, ihre Finger streichen über eine Matte. »Ganz sorgfältig gearbeitet«, sagt Harriet.

»Ja«, meint die Frau, »sehr hübsch. Was soll sie kosten?«

Harriet nennt einen Preis. Die Frau verzieht keine Miene. Sie trägt einen eleganten Rock, dessen Falten aufspringen, eine große Sonnenbrille und eine Perlenkette. Sie streicht über die Matten, dann richtet sie sich auf und geht weiter.

Die Sonne scheint, die Luft ist trocken, der Sand heiß, und Harriet schwitzt. Sie rechnet. Ihr macht es nichts aus, von *Posho* und Süßkartoffeln zu leben, doch die Kinder essen gern Fleisch. Manchmal schlachten sie eine Ziege, dann essen sich alle satt. Wenn Harriet die Matten verkauft, wird sie ein Kilo Salz, zwanzig Kilo Mais für *Posho* und zehn Kilo Bohnen kaufen, damit sie wieder einen Vorrat haben. Dann sollte sie noch Geld zurücklegen, denn es kann jederzeit passieren, dass Angela ins Krankenhaus muss. Nur die antiretroviralen Medikamente sind kostenlos, Tabletten gegen Malaria, Tuberkulose und alle anderen Krankheiten muss sie selbst bezahlen.

Harriet hat Glück. Am frühen Nachmittag hat sie alle drei Matten verkauft.

Auf dem Rückweg schlendert Harriet durch Kampalas Straßen. Sie läuft an Schmuck- und Schuhläden mit üppigen Auslagen vorbei. Es gibt so viele gute Sachen in der Hauptstadt, schöne Schuhe, Handtaschen für Damen, Schmuck, Kleider und Telefone. Harriet betritt ein Kaufhaus. An den Wänden stehen, Schulter an Schulter wie Soldaten, Schaufensterpuppen in bunten Kostümen. Harriet probiert ein Paar goldene Pumps an und setzt eine Sonnenbrille auf, schwarz und mondän, wie die Brille der Frau, die ihre Bastmatten befühlt und sich wieder abgewandt hat. Sie betrachtet ihr Gesicht im Spiegel, dreht und wendet sich. Im Hintergrund klimpert Popmusik.

Wenn ihr Mann noch lebte, könnte sie sich schöne Dinge leisten.

Harriet legt die Brille zurück und geht weiter. Sie steigt eine Treppe hinauf, befühlt flauschige Decken und Kleider, die sie Winnie und Angela gern mitbringen würde. Sie sieht modische Röcke und glänzende Jacken, schlängelt sich zwischen Ständern voller T-Shirts hindurch, hält sich vor dem Spiegel eine weiße Bluse vor. Doch sie kann nicht mehr ausgeben als das Fahrgeld, das in ihrer Handtasche steckt. Sie rückt ihre Haarspange zurecht, nimmt ihre Handtasche, geht an einer Reihe Schaufensterpuppen vorüber und tritt hinaus auf die Straße.

Unterdessen fängt Winnie die Zicklein ein und greift nach dem Strick der Ziege. Die Ziege ist störrisch, sie will weiter grasen, doch Winnie zieht sie energisch mit sich. Sie ruft ihren Cousin und den Nachbarsjungen, die mit Stöcken Kronenkorken durch den Sand schlagen, dass es staubt. Gemeinsam machen sie sich auf den Heimweg. Winnie geht gern zur Schule, doch sie mag auch die Tage, an denen sie mit den Ziegen zum Weiden geht. Sie mag den weiten Blick, die weichen Hügel in der Ferne, den endlosen Himmel, den Zug der Wolken.

Als sie nach Hause kommt, ist Harriet noch nicht zurück. Patrick ist mit dem Fahrrad weggefahren. Winnie kratzt sich am Arm; immer, wenn sie nervös ist, juckt ihr Arm. Sie sieht Elisabeth, die erste Frau ihres Vaters, die Wäsche wäscht, und Angela, die mit den Nachbarskindern spielt. Winnie trinkt etwas Wasser, dann nimmt sie ihr Memory Book und setzt sich hinaus. Zuerst hat ihre Mutter ein Buch für Patrick geschrieben, dann eines für Angela. Nun schreibt sie ein drittes für Winnie, und abends sitzen sie oft mit der Öllampe vor dem Haus und arbeiten daran. Winnie blättert vor zu der Seite *Wie du aufgewachsen bist*, denn dort klebt ein Foto, das sie gern anschaut. Es zeigt ihre Mutter in einem prachtvollen goldfarbenen *Gomesi* und mit einer Perlenkette um den Hals. Sie sieht wunderschön aus. Winnie trägt ein Kleid voller Spitzen und Rüschen und weiße Söckchen und Schuhe mit Riemchen, an die sie sich noch gut erinnert.

Auf dem Foto stehen sie alle auf einer Wiese: Harriet, Winnie, Angela, Rachel und Patrick. Und Elisabeth, mit George und Juliette. Nur ihr Vater ist nicht auf dem Bild, denn er hat fotografiert. Harriet hat über das Foto geschrieben *Du bist in einer Familie aufgewachsen, die nie auseinanderbrach, auch nicht nach dem Tod deines Vaters.* Winnie hat Blumen, Bäume und Blätter um das Foto herum gemalt.

Als Harriet nach Hause kommt, findet sie ihre Tochter still und versunken im Schatten des Niembaumes. Sie setzt sich zu ihr. Eine Weile blättern und schweigen beide. Harriet denkt an die Zeit, als sie das Memory Book für Angela schrieb. Sie hatte Angela gegenüber ein sehr schlechtes Gewissen, weil sie diejenige gewesen war, die sie angesteckt hatte. Harriet weinte oft, und Angela fragte: »Warum weinst du?« Sie fragte auch, was das für Tabletten waren, die sie beide nun nehmen mussten. Doch war es Harriet unendlich schwergefallen, ihrer Tochter die Wahrheit zu sagen. Eines Tages hatte sie ein Kleid und neue Hosen für Angela gekauft. Sie hatten sich aufs Bett gesetzt, feierlich hatte Harriet ihrer Tochter die Geschenke überreicht. Dann hatte sie gesagt: »Angela, was denkst du über die Menschen im Krankenhaus, die HIV-positiv sind?«

»Nichts.«

»Angela, all die Menschen, die du im Krankenhaus siehst, haben die gleiche Krankheit wie du und ich. Und darum nehmen wir die Medikamente.«

Angela hatte sie verwirrt angesehen. Harriet war sicher gewesen, dass ihre Tochter sie nicht verstanden hatte, doch sie wagte nicht nachzufragen.

»Auch meine Schwester, deine Tante Lydia, hat diese Krankheit«, sagte sie.

In Angelas Gesicht stand Ratlosigkeit. »Aber was ist es für eine Krankheit?«

Harriet bekam kein Wort heraus. Angela rückte näher heran, sie war neugierig. Harriet schickte alle anderen aus dem Haus. Sie schluckte und kämpfte mit den Tränen. Sie zwang sich, stark zu sein, und fragte ihre Tochter: »Angela, wirst du tapfer sein, wenn ich dir jetzt sage, welche Krankheit wir haben?«

»Ja, Mummy.«

»Angela ..., du und ich ... wir sind HIV-positiv.«

Angela sah Harriet an, und Harriet sah Angela an.

Im Haus war es totenstill.

Angela war die Erste, die wieder etwas sagte. Sie fragte: »Wie haben wir uns angesteckt?«

»Ich wusste nicht, dass dein Vater mich angesteckt hatte, als ich mit dir schwanger war.« Harriet hatte erst später erfahren, dass es Mittel und Medikamente gab, die verhindern konnten, dass eine infizierte Mutter ihr Baby ansteckte. »Du hast dich angesteckt, als du geboren wurdest. Oder später, während ich dich gestillt habe.«

Wieder schwiegen sie. Wenn sie später an diesen Moment zurückdachte, wunderte sich Harriet, dass weder sie noch Angela geweint hatten. Der Schock war offenbar größer gewesen als der Schmerz.

Schließlich sagte Angela etwas, das Harriet überraschte: »Du hast dich auch nicht anstecken wollen, nicht wahr?«

Harriet schüttelte den Kopf. »Nein«, sagte sie. Und dachte daran, wie ihr Mann sich, noch als er schon sehr krank war, geweigert hatte, einen HIV-Test machen zu lassen.

Harriet umarmte ihre Tochter. »Angela, HIV-positiv zu sein heißt nicht, dass das Leben morgen zu Ende ist. Wir nehmen diese Medikamente, damit wir noch lange leben. Du hast dich gut erholt, seit der Arzt uns die Tabletten gegeben hat, nicht wahr? Es geht dir gut, oder?«

Angela hatte stumm genickt.

»Mummy, woran denkst du?«, fragt Winnie und kratzt sich am Arm.

Harriet schüttelt den Kopf. »Gehst du hinein und holst einen Stift? Dann schreiben wir weiter an deinem Memory Book.«

Winnie springt auf und läuft ins Haus.

Als Harriet anfing, ihren Kindern Memory Books zu schreiben, fielen ihr nach kurzer Zeit so viele schöne Dinge ein, die sie in ihrem Leben erlebt hatte, dass sie gar nicht so schnell schreiben konnte, wie die Erinnerungen kamen. Sie erinnerte sich an ihre Kindheit, ihre Geschwister, ihre Eltern. Sie dachte an die Zeit, als sie ihren Mann kennengelernt hatte. An den Abend, an dem sie ihr erstes Kind geboren hatte – eine Nacht und einen Tag hatte sie in den Wehen gelegen, der Arzt wollte schon einen Kaiserschnitt einleiten, da hatte sie mit Gottes Hilfe ihr Baby zur Welt gebracht. In Patricks Memory Book schrieb sie: *Als ich aus dem Kreißsaal gebracht wurde, war sogar meine Mutter aus unserem Dorf angereist. Alle Verwandten waren zusammengekommen, um dich, meinen Erstgeborenen, zu begrüßen.*

Am Ende waren es die Frauen von *Nacwola* gewesen, die Harriet ermuntert hatten, Memory Books zu schreiben und öffentlich zu sagen, dass sie HIV-positiv war. Beide Entscheidungen hat Harriet nie bereut. Wildfremde Menschen haben sie für ihren Mut bewundert und unterstützt. Und Harriet half ihrerseits Betroffenen, wo sie konnte. Das hatte ihr wieder Selbstvertrauen gegeben und das Gefühl, zwar infiziert, aber keineswegs wertlos zu sein.

Winnie kommt zurück, reicht ihrer Mutter einen

Stift und setzt sich neben sie. Harriet schlägt die Seite *Was ich mir für deine Zukunft wünsche* auf und schreibt: *Du wirst groß werden und die Schule absolvieren. Ich werde zu deinem Abschlussfest kommen. Ich bete, dass ich immer das Geld haben werde, um deine Schulgebühren zu bezahlen. Und bitte, meine Tochter, hab keinen Sex, bevor du heiratest – es kann lebensgefährlich sein.*

Harriet schaut Winnie an. Das Mädchen streckt seine schlaksigen Beine von sich, spielt mit dem Saum seines zu kurzen Kleides und liest, was seine Mutter geschrieben hat.

»Winnie«, sagt Harriet mit eindringlicher Stimme. »Ich schreibe dies für dich, für deine Zukunft. Und ich möchte, dass du dich daran hälst.«

Winnie nickt und sagt: »Ja.« Harriet hofft, dass ihre Tochter den Ernst ihrer Sätze rechtzeitig begreift. Dass ihr nicht passiert, was ihrer Mutter passiert ist.

Harriet streicht über die Seite und schreibt weiter: *Ich bete zu Gott dem Allmächtigen, dass du ein gutes Leben hast*. Dann legt sie den Stift beiseite.

»Ich werde morgen in die Schule gehen und eure Schulgebühren bezahlen. Und ich möchte, dass du am Wochenende zu unseren Verwandten fährst.«

»Nein«, ruft Winnie.

»Sie haben dich schon ein paar Mal eingeladen. Es ist unhöflich, nicht hinzufahren.«

»Nein, Mummy.« Winnie springt auf.

»Setz dich«, sagt Harriet. Winnie zögert, dann gehorcht sie. »Du kannst zwei oder drei Tage bei den Verwandten bleiben, essen, mit deinen Cousins und Cousinen spielen, und dann hole ich dich wieder ab.«

»Nein«, wimmert Winnie.

»Aber warum nicht?«

Winnie antwortet nicht. Stattdessen wirft sie sich in Harriets Arme und verbirgt ihr Gesicht an ihrer Brust.

»Winnie«, Harriet streicht ihrer Tochter übers Haar, »was ist denn los mit dir? Warum willst du nicht deine Cousins und Cousinen besuchen?«

»Ich will bei dir bleiben«, flüstert Winnie. »Sonst bist du vielleicht tot, wenn ich zurückkomme.«

Harriet verschlägt es die Sprache. Sie wiegt ihre Tochter in ihren Armen, streicht ihr übers Haar.

Irgendwann löst sie sanft die Umarmung, greift noch einmal zum Stift und schreibt in Winnies Memory Book: *Ich bin immer noch bei dir, mein Kind. Denk nicht, dass ich morgen sterben werde!*

Elisabeth taucht ihre Hände in die Seifenlauge. Sie walkt den Stoff, wringt und rubbelt. Seifenblasen spritzen nach allen Seiten, landen auf ihren Beinen, den staubigen braunen Sandalen. Ein zerzaustes Huhn rennt vorüber, zwei Kinder jagen hinterher. Ein paar Jungen spielen Fußball, und Angela füttert die Hühner. Winnie und Harriet sitzen unter dem Niembaum.

Elisabeth beachtet sie nicht. Sie bückt sich, zieht das Laken durchs Wasser, reibt und scheuert. Sie schrubbt den Stoff Stück für Stück sauber. Sie arbeitet ruhig und bedächtig.

Sie hatte er schließlich zuerst geheiratet.

Ihr erstes Kind wurde einige Monate nach der Hochzeit geboren. Es war eine schwierige Geburt, danach musste Elisabeth sich schonen. Ihr Mann wusch, wenn er von der Arbeit heimkam, die Wäsche, damit sie sich erholte. Sie waren sehr glücklich damals. Doch drei Jahre später, sie hatte bereits ein zweites Kind geboren, brachte ihr Mann Harriet ins Haus. Elisabeth war wütend. Doch sie schwieg. Männer hatten das Recht, mehrere Frauen zu heiraten, ihr Mann hätte sie verstoßen können, wenn sie protestiert hätte. Sie musste sich damit abfinden und versuchte, sich mit der Neuen zu arrangieren. Immerhin teilte ihr Mann seine Zeit gerecht zwischen beiden Frauen auf.

Elisabeth wringt das Laken aus und taucht es in eine Schüssel mit klarem Wasser. Sie spült es und wäscht alle Seifenflocken heraus. Sie wringt das Laken erneut aus, schüttet das trübe Wasser fort und gießt frisches nach.

Fünf Kinder hat sie geboren, drei Mädchen und zwei Jungen. George und Juliette leben noch; die anderen starben an Fieber, an Durchfall, an Erbrechen. Als ein Krankenhausarzt ihrer zweitgeborenen Tochter Blut abnahm und später erklärte, das Mädchen leide an Aids, hatte ihr Mann geschimpft, der Arzt habe keine Ahnung. Er bezahlte die Rechnung, und sie verließen das Krankenhaus. Elisabeth hatte noch nie zuvor von dieser Krankheit gehört, doch weil ihr Mann so wütend war, fragte sie nicht nach.

Als sie wieder schwanger wurde, nahm man ihr Blut ab; allen Frauen, die ein Kind bekamen, wurde damals Blut angenommen. Sie fürchtete sich und ging nicht wieder in die Klinik. Als ihr Sohn eineinhalb Jahre alt war, bekam er Durchfall. Und Fieber. Er starb ein Jahr später.

Ihr Mann verbot ihr, darüber zu sprechen.

Elisabeth schwitzt, ihre feuchte Haut glänzt. Sie richtet sich auf. Sie ist groß, ihr Körper schwer, obwohl sie schlank ist. Es ist, als seien ihre toten Kinder in ihr, als bremsten die Erinnerung und der Schmerz jede Bewegung. Manchmal rechnet Elisabeth nach, wie alt die Kinder heute wären, sie stellt sich vor, was aus ihnen geworden wäre. Der Schmerz ist jedes Mal unerträglich. Dann denkt sie daran, dass sie ihre Kinder eines Tages wiedersehen wird. Noch ist sie stark, doch irgendwann wird auch sie an dieser Krankheit sterben.

Erst nachdem ihr Mann tot war, hatte Elisabeth erfahren, dass sie HIV-positiv war. George, ihr ältester Sohn, verweigerte den Test; Juliette, ihre jüngste Tochter, war wie durch ein Wunder gesund. Wenn Elisabeth daran denkt, fließt ihr Herz über vor Dankbarkeit und Glück.

Der Himmel ist klar und blau, der Niembaum duftet. Die Sonne sinkt langsam, eine Nachbarin schimpft, und jemand hört Radio. Elisabeth geht hinüber zur Wäscheleine, zieht sie herunter, schiebt die anderen Wäschestücke zusammen, sodass das Laken noch dazwischen passt. Die Wäsche wippt auf und ab, als Elisabeth die Leine wieder loslässt.

Sie wischt sich mit der Hand über die Stirn, schiebt ihr Kopftuch zurecht. Sie wäscht Kleider, Hemden und Hosen der Kinder und breitet sie in den Büschen und im Gras zum Trocknen aus. Dann schüttet sie das Waschwasser fort. Sie stellt die Schüsseln ineinander und sammelt die leeren Waschpulvertüten ein. Sie sieht hinüber zu Harriet, die immer noch mit Winnie redet.

Sie haben sich miteinander arrangiert. Wenn es Schwierigkeiten gibt, sehen sie darüber hinweg. Das ist manchmal nicht leicht, doch wegen der Kinder haben Elisabeth und Harriet beschlossen, zusammenzubleiben.

Ein Vogel hüpft auf den Henkel eines Wasserkanisters, und ein Nachbarskind krabbelt durch den roten Sand. Elisabeth geht und sucht Juliette. Sie findet sie im Haus, ausgestreckt auf dem Sofa, schlafend. Sie schließt die Fensterläden, setzt sich auf den Boden und beginnt, eine neue Matte zu flechten.

Wie die Schwänze bunter Vögel tanzen die Gräser zwischen Elisabeths flinken Fingern.

Eric und Dennis schlendern durch das Zuckerrohrfeld. Ihre Körper werfen lange Schatten, Gras knackt unter ihren Füßen und Vögel zwitschern. Keiner sagt etwas, beide hängen ihren Gedanken nach.

Am Nachmittag, als die Jungen aus der Schule kamen, hatte Erics Großmutter auf einer Matte in ihrer Hütte gelegen. Sie arbeitet auf einer Bananenplantage, und an diesem Morgen hatte sie sich mit einem Messer verletzt. Ihre Hand blutete, und sie hatte nach Julius gerufen, um ihn zum Kräuterheiler zu schicken. Doch Julius war verschwunden. Schließlich hatte eine Nachbarin Kräuter geholt und der Großmutter einen Sud

Ankunft in Uganda – die Wege aus roter Erde sind typisch für Ostafrika.

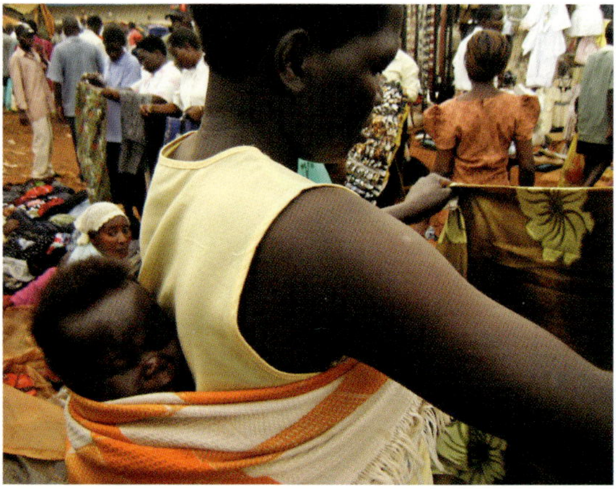

Der Markt als Mittelpunkt des urbanen Lebens in Kampala. Hier werden Informationen und Waren – wie die typischen Bastkörbe und -schalen – ausgetauscht.

Die Väter sterben meist als erste. Schon kleine Kinder packen mit an und helfen ihren Müttern; oft müssen sie ganz allein als Waisen den Alltag meistern.

Der Verlust einer ganzen Generation hinterlässt eine große Lücke. –
Eric hat kein Memory Book. Ihm ist die Großmutter geblieben. Das einzige Erinnerungsstück an die Eltern ist ein Foto von seinem Vater.

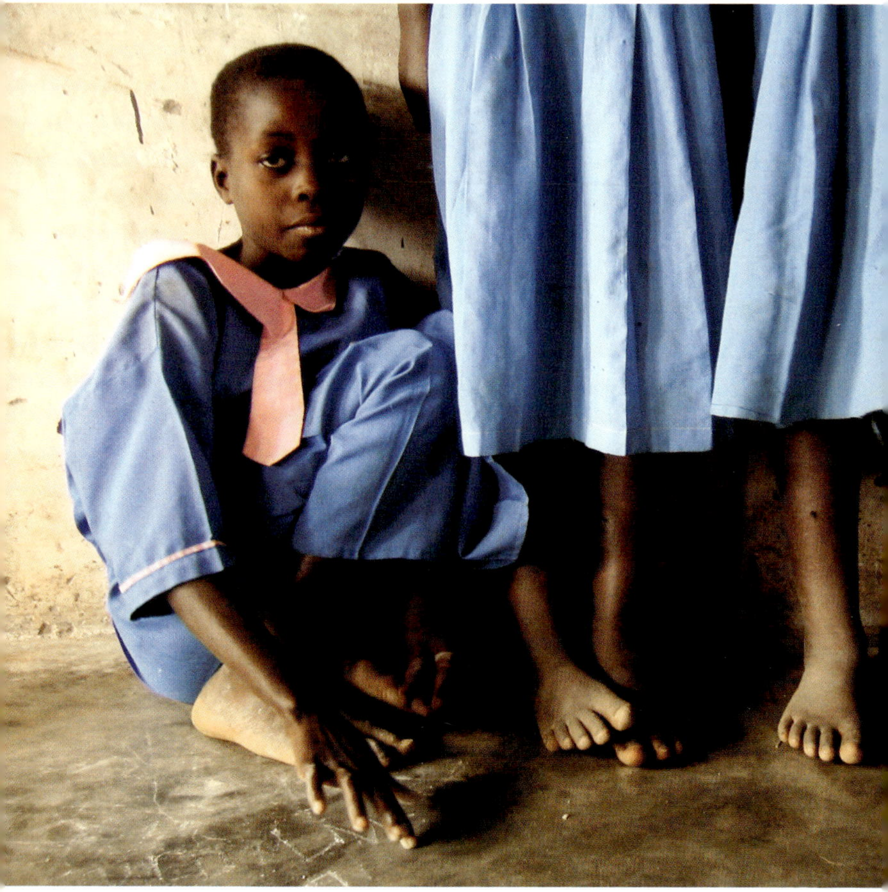

Schulalltag: Die Lehrer erzählen den Kindern Mythen und Märchen, damit sie den Reichtum ihrer Kultur kennenlernen und bewahren können. Die Schüler machen daraus Lieder, zu denen sie trommeln und tanzen. In Uganda gibt es AIDS auch als Unterrichtsfach.

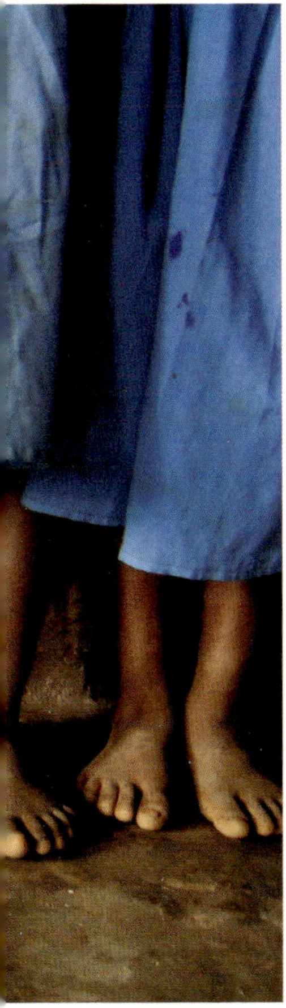

RAKAI AIDS ORPHANS PROJECT
BUTITI COMMUNITY
P.O.Box 67. LWANDA.
SPONSORED BY CO-OPERAID
SWITZERLAND
CO-OPERAID

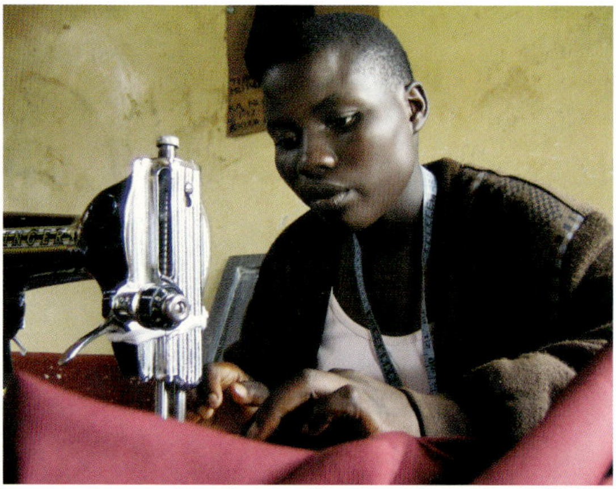

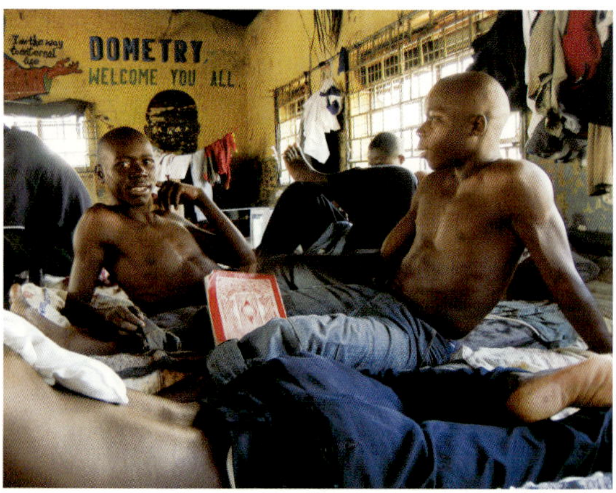
DOMETRY
WELCOME YOU ALL

Handwerkliche Ausbildung, die von Hilfsorganisationen ermöglicht wird, eröffnet den Jugendlichen eine Zukunft. Sargtischler haben Hochkonjunktur.

Einer der vielen Kinderhaushalte in Uganda. Ein einziges Foto an der Wand erinnert an die Zeit, als es noch eine Familie gab.

Die Krankenschwester Christine gibt weiter, wie man Memory Books schreibt. Am Wochenende besucht sie ihre Großfamilie in Mbale. Dort liegt ihr Mann begraben, und dort leben ihr Schwager mit seiner Frau, den Kindern und 23 Waisenkindern sowie ihre Co-Wife.

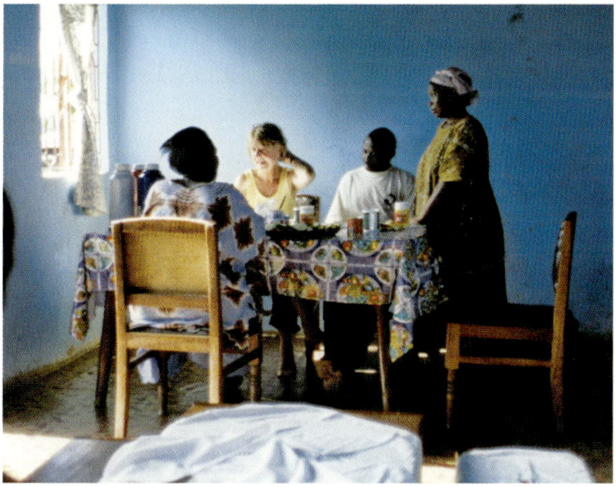

Meine erste Reise im April 2005: im Gespräch mit Christine, ihrem Schwager Apollo und seiner Frau Janet.

Christine hat ein Memory Book für ihre Tochter Vivian geschrieben. Das einzige Foto ihres Mannes hat sie mit Leukoplaststreifen hineingeklebt.

Neugierig gesellen sich die Waisenkinder, die von ihren Eltern kein Erinnerungsbuch bekommen haben, zu Christine und Vivian.

-My Hopes For Your Future-

Please, daughter, study hard, look a head if you and ~~love~~ for your sisters and brother and respect all those older than you. Remember hard work is a key to success. Never divert from your faith remember GOD cares and He will never forsake you. Remember those Christians Hyms you used to sing when still in Lower Primary

In 1999 you were entertaining Parents on the Annual Genel Meeting.

Viviana

MEMORY BOOK

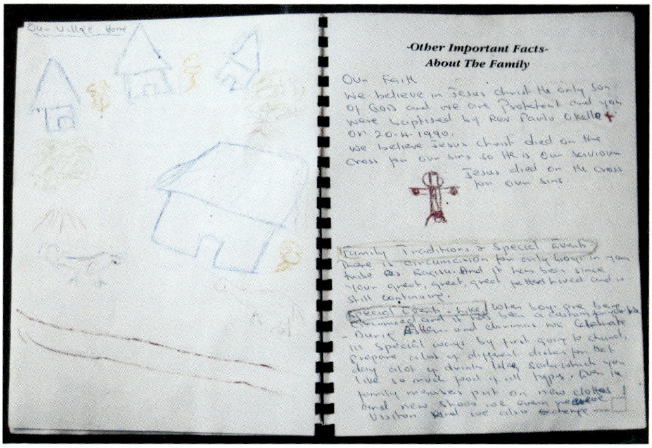

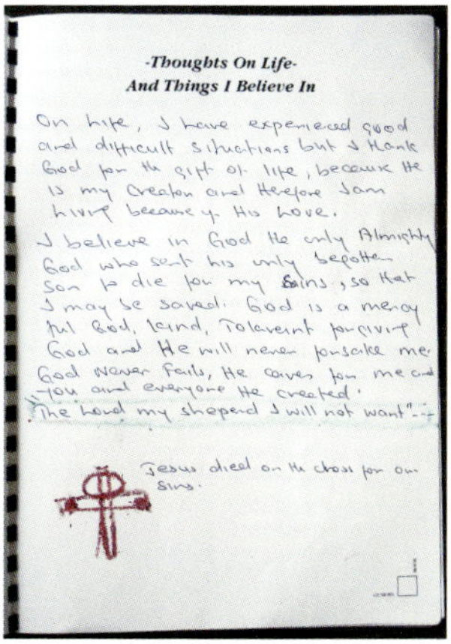

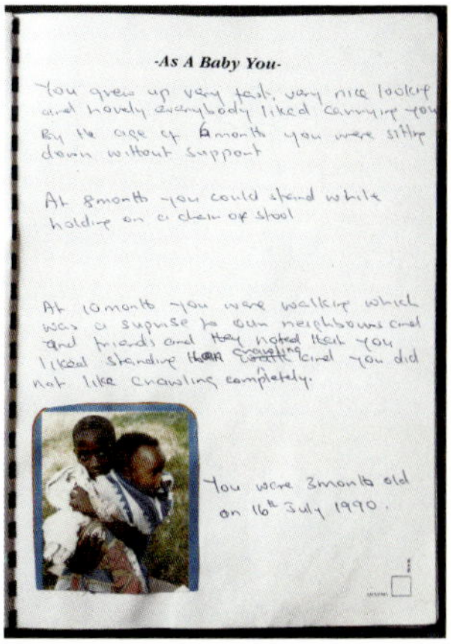

Die Seiten der Memory Books haben Überschriften. Manche sind in Englisch geschrieben, andere in der Landessprache.

Christine mit Großfamilie und Nachbarn in Mbale beim Gottesdienst in einer kleinen Lehmhütte, die als katholische Kirche dient. Hier wird christlich gebetet und afrikanisch getanzt. Die Menschen in Uganda sind sehr religiös; keiner versäumt die Sonntagsmesse.

Christine begrüßt die Zweitfrau ihres verstorbenen Mannes, die ebenfalls HIV-positiv ist *(oben rechts)*.

Dennis sucht Zuspruch bei Christine.
Sie arbeitet nicht nur als Krankenschwester in der Klinik in Iganga, sondern unterrichtet auch andere Mütter im Schreiben von Memory Books und engagiert sich als örtliche Vorsitzende von Nacwola, einer Selbsthilfeorganistion für Frauen in Uganda.

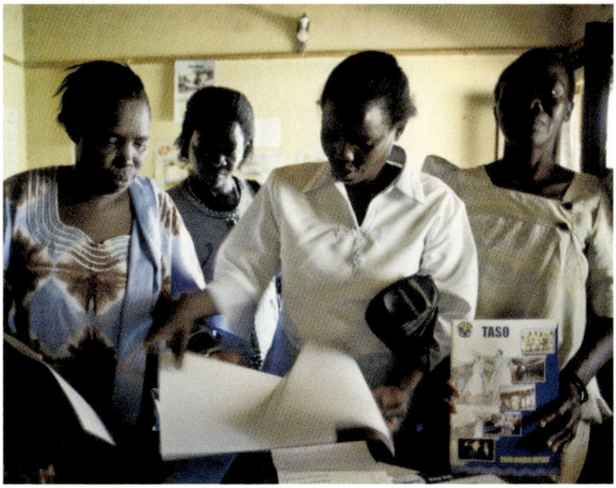
TASO

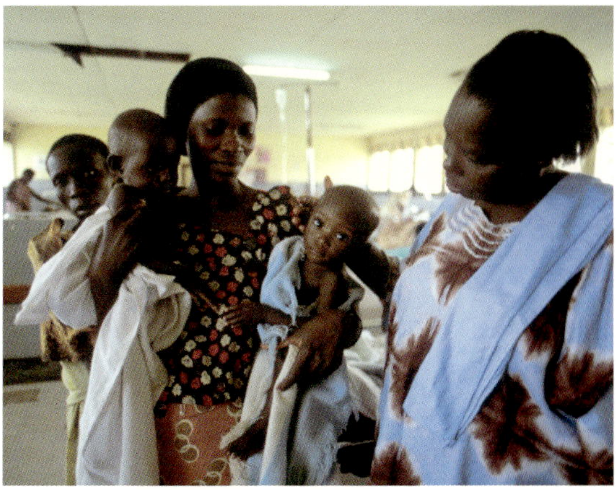

Klinikalltag: Hier ist kein Patient allein; Familienangehörige sind immer als Begleitung dabei. Viele Kinder sind von Geburt an mit dem HI-Virus infiziert.

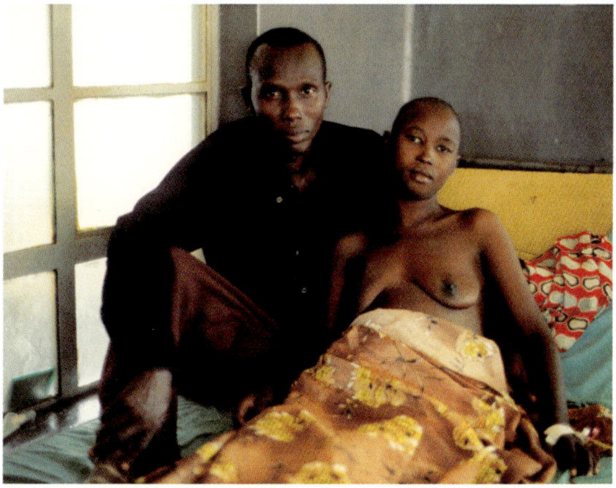

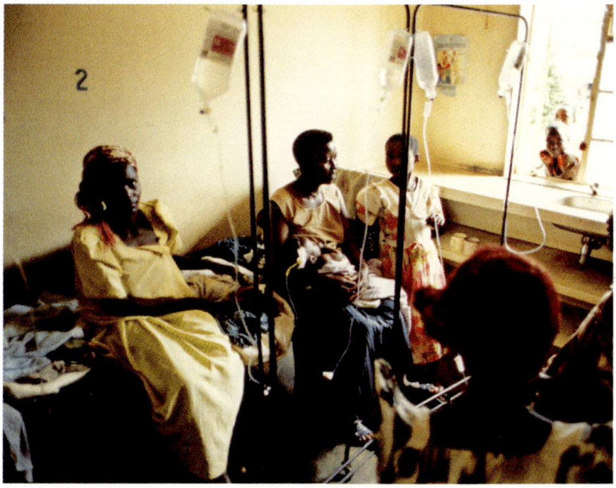
2

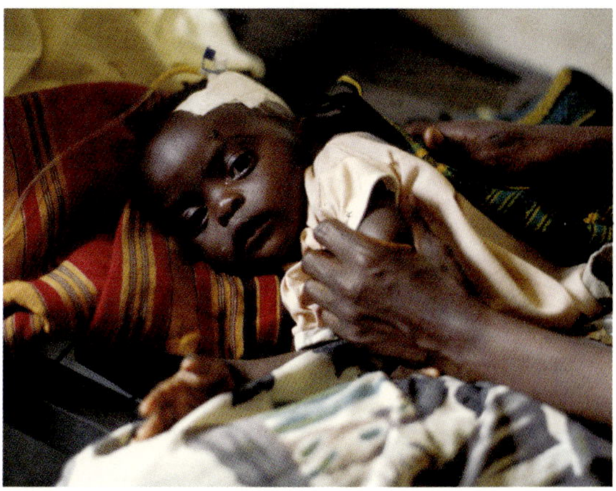

Harriet sucht Rat und Hilfe beim Traditional Healer Dr. Sekagya. Rachel, ihr zweitgeborenes Kind, ist an Aids gestorben. Auch ihre Tochter Angela ist HIV-positiv. Die anderen Kinder lässt sie nicht testen – aus Angst vor einer möglicherweise schrecklichen Wahrheit.

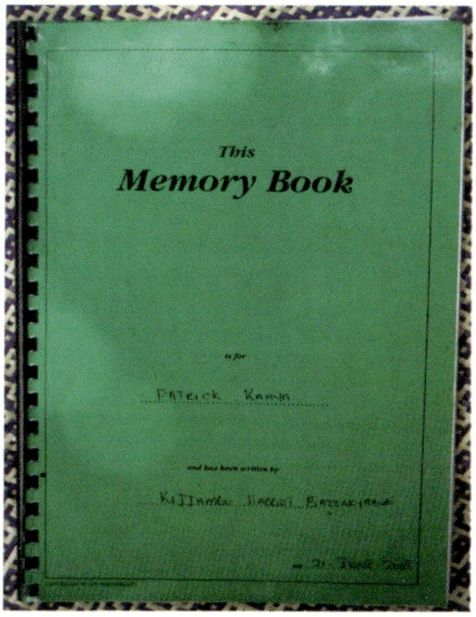

Harriet an den Gräbern. Hier liegen ihr Mann, ihre Tochter und zwei Kinder ihrer Co-Frau begraben. Sie selbst ist HIV-positiv und weiß nicht, wie lange sie leben wird. Für ihren Sohn Patrick hat sie ein Memory Book geschrieben; für ihre Töchter Winnie und Angela schreibt sie gerade.

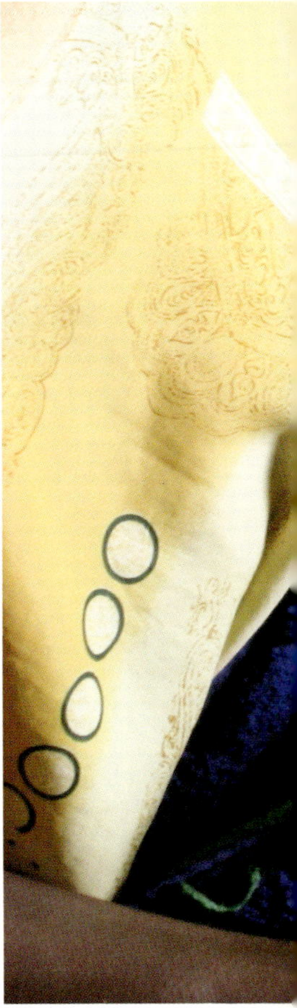

Bei meinen ersten Recherchen 2005 *(links oben und unten)* und auf der Reise im Januar 2007: mit Christine und Waise Chrissi, Dennis' kleiner Schwester *(Mitte)*.

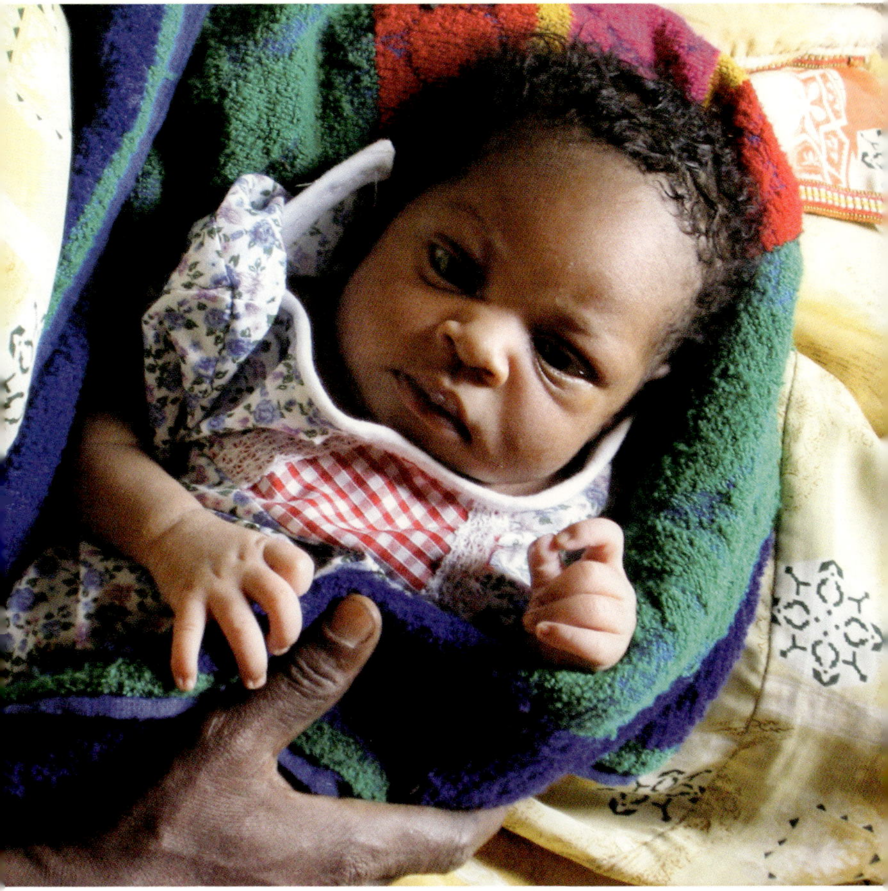

Das kleine neugeborene Mädchen bekommt den Namen Christa – aus Freude und Dankbarkeit dafür, dass ich die Belange der Menschen in Uganda in die Welt trage.

Drehschluss in einem Vorort von Kampala: mit Kameramann Roland Wagner – immer umringt von unzähligen Kindern *(rechts)*.

Transafrican Highway – zum Teil eine »Road under Construction«. Der Staub nimmt einem die Luft zum Atmen. Wie Ugandas Zukunft wohl aussehen mag?

gekocht, der die Hand heilen sollte. Bislang wirkte die Medizin nicht. Erics Großmutter machte sich Sorgen. Wenn sie nicht arbeitete, hatten sie kein Geld. Was sollten sie essen?

Eric hatte sich nichts anmerken lassen. Doch als er den bitteren Zug um den Mund seiner Großmutter sah, fürchtete er sich und sehnte sich nach seinem Vater. Als Erics Vater noch lebte, hatte die Großmutter gelacht. Ihr Gesicht hatte noch nicht so verhärmt ausgesehen, so faltig, hart und hager. Abends am Feuer hatte die Großmutter Eric und Julius Märchen erzählt. Eric liebte die Geschichte von der bösen Stiefmutter – wenn die Großmutter ansetzte, mit ihrer tiefen Stimme sagte: »Es war einmal ein Mann, der hatte eine Frau. Sie waren sehr arm, doch sie liebten ihre Kinder sehr …«, dann lief ihm ein wohliger Schauer über den Rücken. Gebannt hörte er zu, wie die Mutter der Kinder starb, der Vater eine andere Frau heiratete, die eifersüchtige Stiefmutter den Kindern zusetzte – aber die Kinder wuchsen heran, und eines Tages waren sie groß, kräftig und tüchtig und konnten sich gegen die Stiefmutter wehren.

Die Großmutter erzählte längst keine Märchen mehr.

Sie hatte zu viele ihrer Kinder und Enkel sterben sehen.

Später war Eric zu Dennis gelaufen. Er hatte ihn nur angeschaut, da war Dennis aufgestanden und hatte den Arm um seinen Freund gelegt. Gemeinsam zogen sie los, erst ziellos, dann, als gäbe es eine stille Übereinkunft, schlugen sie den Weg zum Stall ein.

Eric bückt sich und öffnet die Pforte des flachen Verschlages. Er ist gerade so hoch, dass die Jungen auf Knien hineinkriechen können. Drinnen ist es kühl und dunkel. »Rabbit«, ruft Eric und streckt seinen Arm aus. Das weiße Kaninchen hoppelt verschreckt in die Ecke.

»Rabbit«, ruft Eric noch einmal, hockt sich hin und verharrt, den Arm ausgestreckt, mit ein paar Grashalmen und Blättern in der offenen Hand. Das Kaninchen schnüffelt. Schließlich siegt seine Neugier oder sein Hunger, und es hoppelt heran. Eric packt es an den Löffeln, zieht es auf seinen Schoß. Das Kaninchen strampelt, doch Eric hält es fest, und nach einer Weile beruhigt sich das Tier, und Eric streicht über das weiche, duftende Fell und füttert Rabbit mit frischem Gras und Blättern. Dennis hockt sich daneben und streichelt das Kaninchen ebenfalls. Es ist weiß und hat einen schwarzen Fleck am rechten Auge. Nachdem Erics Vater gestorben war, liefen die Jungen jeden Tag zum Stall und saßen mit dem Kaninchen im Arm im Stroh. Einmal sagte Eric, Rabbit tröste ihn. Wenn er ihn streichle, sein Gewicht und seine Wärme auf der Haut spüre, verschwinde seine Traurigkeit. Manchmal, wenn Dennis traurig ist, gibt Eric seinem Freund das Kaninchen, und Dennis spürt, wie auch seine Traurigkeit sich legt.

»Wenn ich groß bin«, sagt Eric und presst Rabbit an sich, »will ich Waisenkindern helfen.« Eric ist ein guter Schüler, vor allem in Mathematik und Singen hat er gute Noten. Eines Tages hat der Lehrer von *World Vision* erzählt, einem christlichen Hilfswerk, das Kinder und Familien in Not unterstützt. »Wenn ich dort arbeite, kann ich dafür sorgen, dass Waisenkinder jemanden haben, der sich um sie kümmert«, sagt Eric. Rabbits Fell kitzelt in seiner Nase. Er setzt das Kaninchen auf Dennis' Schoß.

Dennis zieht die Nase hoch und streichelt Rabbits Kopf, die langen Ohren.

»Dann müssen die Kinder, die keine Eltern mehr haben, nicht alleine leben oder nur mit einer alten Oma und zwei Tanten, die nie zu Hause sind.«

Dennis nickt. Er möchte gern Fußballspieler werden.

Eric pikt mit einem Strohhalm gegen seine nackte Wade. Er rechnet nach, wie lange er noch zur Schule gehen muss. Wie lange es dauert, bis er Geld verdient wie sein Vater. Ob die Großmutter dann noch lebt?

Rabbit streckt seinen Kopf vor und schnüffelt an Erics Bein. Das kitzelt, und Eric muss lachen. Dennis lacht auch. Er freut sich, dass sein Freund nicht mehr traurig ist. Er summt ein Lied, das sie am Morgen in der Schule gesungen haben. Eric stimmt ein. Rabbit stellt die Ohren auf. Er schnüffelt, seine rosa Nase und sein kleiner Mund wackeln. Fast sieht es aus, als würde er die Lippen bewegen, etwas sagen. Vielleicht, denkt Dennis, singt Rabbit mit. Aber das sagt er nicht laut.

Am Sonntag geht Betty mit Lucy und Patricia zur Kirche. Lucy hüpft an der Hand ihrer Mutter – sie trägt ein weißes Kleid, dessen Falten bei jedem Hüpfer aufspringen, sodass es sich um ihre Beine bauscht. Zu dritt laufen sie an den Gräbern hinter ihren Rundhütten vorbei, denen ihrer eigenen Verwandten und denen ihrer Nachbarn. Sie schauen nicht zur Seite; sie wissen, dass sie dort liegen, sie vergessen es nie.

Die Kirche ist ein langgezogener Flachbau aus Lehmziegeln, mit einem Dach aus Wellblech. Vor der Tür stehen Gläubige und unterhalten sich, überall lachen und spielen Kinder. Betty hört die Stimme des Pfarrers, obwohl der Gottesdienst noch nicht begonnen hat.

Die Besucher der Messe sitzen auf dem Boden, rechts die Männer, links die Frauen mit den Kindern. 50 bis 60 Menschen sind in dem Raum; die Luft surrt von ihren Stimmen, alle reden übers Wetter, die Ernte, den Preis für Hühnerfutter, die Familie. Betty geht mit ihren Töchtern den Mittelgang entlang, bahnt sich einen Weg. Sie begrüßt Verwandte, Nachbarinnen, Freundinnen, und die Frauen rücken zusammen und machen ihr Platz. Viele tragen ihre besten *Gomesis*, haben bunte Tücher um die Hüften geschlungen und Kopftücher umgebunden. Auch Betty trägt einen *Gomesi*, ihren grünen, und hat ein blaues Tuch um die Schultern gelegt. Überm Arm schaukelt ihre Handtasche. Die Männer tragen frische Hemden, und auch die Kinder sind hübsch zurechtgemacht, die Mädchen in Tüllkleidern, die Jungen in sauberen Hosen.

Durch die Fenster weht ein leichter Wind. Sonnenlicht fällt herein, in goldenen Strahlen. Ein Junge, der draußen steht, schaut herein, stumm und sehnsüchtig.

Der Pfarrer, ein älterer Mann mit tiefen Stirnfalten, in einem Hemd mit dem Kragen eines Geistlichen, tritt vor den Altar. Über dem weißem Tuch mit den aufgestickten roten Kreuzen hängt eine Wanduhr. Der Pfarrer bekreuzigt sich und begrüßt die Gemeinde. Er sagt: »Gott ist mit uns in diesen Tagen, liebe Gemeinde, vertraut unserem Herrn ...« Er predigt und gestikuliert lebhaft mit den Händen.

Die Gläubigen hören zu, mit ernsten Gesichtern. Die Männer und Frauen sind fast alle sehr jung oder schon alt; wenige liegen wie Betty irgendwo dazwischen. Manche lächeln, manche scheinen ihren eigenen Gedanken nachzuhängen. Die Alten, mit Gesichtern wie zerfurchte Äcker und Weisheit im Blick, starren vor sich hin.

Der Pfarrer, der früher in ihrer Kirche gepredigt hatte und vor einigen Jahren gestorben war, hatte Aids eine Krankheit genannt, die von den Homosexuellen kam, später auch von Prostituierten und Fernfahrern. Er hatte gegen Kondome gewettert, die Gläubigen zu Enthaltsamkeit gemahnt – niemand solle sündigen, denn diese Krankheit sei ein Fluch Gottes und der Lohn der Sünde der Tod. Er hatte gedroht, die Familie eines Sünders werde bestraft bis ins fünfte Glied.

Betty hatte später oft an seine Worte gedacht. Ihr Mann war Fernfahrer gewesen.

Der Pfarrer, der dann kam, war anders. Auch er beschwor Enthaltsamkeit und Treue. Doch er hatte angefangen, sie über Aids aufzuklären. Er betete mit ihnen für die Kranken und Toten, er begleitete Sterbende und kümmerte sich um die Waisen. Er riet nicht ausdrücklich zu Kondomen; doch gab er zu verstehen, dass ein

Ehepaar welche benutzen sollte, wenn einer von beiden HIV-positiv war.

Die Gemeinde erhebt sich und betet. Betty zupft Lucy am Kragen, und das Mädchen faltet seine Hände, so wie seine Mutter und Schwester es tun. Betty preist Gott den Allmächtigen, dankt dem Herrn und gedenkt der Leiden Jesu. An die 60 Stimmen erfüllen die Kirche.

»Amen«, sagt der Pfarrer.

»Amen«, sagen die Gläubigen.

Eine Gruppe Mädchen in weißen Kleidern geht nach vorne, alle stellen sich der Größe nach vor dem Altar auf. Die Männer, die mit ihren Trommeln, Bogenharfen und Daumenpianos neben dem Altar sitzen, rücken ihre Instrumente zurecht. Der Chor singt: »I believe in the Lord!«

Aufrecht steht Betty zwischen den Gläubigen. Sie überragt die meisten Frauen. Ihre Lippen bewegen sich kaum, als sie in den Gesang einstimmt und den Refrain mitsingt. Lucy schlingt beide Arme um Bettys Beine und schmiegt ihr Gesicht in den nach Wind und Gras duftenden *Gomesi.* Betty streicht ihrer Tochter über den Kopf. Sie lauscht der Djembe, dem lyrischen Klang der Bogenharfen. Langsam wird ihr Körper weich, wiegt sich im Takt der Musik, in einem Rhythmus mit den anderen Gläubigen, die singen.

Helle Mädchenstimmen geben Soli, verschiedene Stimmen treffen sich zum Refrain. Jungen teilen sich Notenblätter, Frauen Gesangbücher, doch die meisten lassen sich tragen von der Musik. Strophe um Strophe singt die Gemeinde, wiederholt den Refrain ein ums andere Mal, lässt sich davontreiben von den wiederkehrenden, beruhigenden Melodien, die alles vergessen machen.

Die Mädchen vor dem Altar beginnen zu tanzen, wiegen ihre Hüften, lassen die Arme schwingen, klatschen. Die ganze Gemeinde wiegt sich in einem Rhythmus, verbunden durch Glaube und Gesang, vereint in ihrer Liebe zu Gott. Eine Frau trillert, in ihrer Stimme liegt unbändige Lebensfreude – als gäbe es kein Gestern, nur ein Morgen, keine Krankheit, kein Leid, keinen Tod, nur Gott und Liebe.

Betty greift nach Lucys Hand, zieht Patricia zu sich heran und lächelt ihr weiches Lächeln.

Als der Gottesdienst nach drei Stunden zu Ende geht, gehen die Gläubigen zur Kollekte nach vorn. Eine alte Frau tritt vor das Standbild eines kleinen Kreuzes, lässt ihre Münze in den Korb gleiten und bekreuzigt sich. Viele geben Opfergaben, von denen sich der Priester ernähren kann. Betty spendet ein Ei. Klimpernd fallen weitere Münzen, der Pfarrer steht daneben.

»Gott schütze dich.«

Acht

Die Monate vergingen, ohne dass etwas geschah.

Ich hatte ein Treatment geschrieben, die Produktionsfirma bemühte sich um Fördergelder und verhandelte mit Fernsehsendern, in der Hoffnung, auf diese Weise einen Koproduzenten zu finden. Unser Plan war, eine 90-minütige Dokumentation zu drehen, die zuerst ins Kino kommen und später im Fernsehen ausgestrahlt werden sollte.

Ich hoffte und wartete.

Irgendwann, so hörte ich von meinem Produzenten, meldete sich ein erster Redakteur. Er hatte das Treatment überflogen; er wollte es noch einmal gründlich lesen und sich bald melden.

Es geschah nichts.

Schließlich rief Jörg Bundschuh den Redakteur an. Nein, er habe noch keine Zeit gehabt, das Treatment ein zweites Mal zu lesen. Vielleicht nächste Woche. Doch dann war er verreist. Oder krank. Oder in einer wichtigen Besprechung. Unterdessen hatten bei Kick-Film andere Produktionen Priorität, und mein Produzent drehte selbst einen Film.

Es war ein zähes, endloses Warten.

Ich suchte nach anderen Themen. Ich plante einen Film über Nelson Mandela anlässlich seines bevorstehenden Geburtstags, begann zu recherchieren, erfuhr jedoch, dass ich allenfalls in seinem Umfeld drehen und mit Zeitzeugen sprechen konnte, er selbst würde mir kein Interview geben. Ich bemühte mich, einen Verlag für den Bildband über Ruanda zu finden, bekam Absagen und gab irgendwann auf. Bei allem, was ich tat, merkte ich, dass ich gedanklich so sehr mit den Memory Books beschäftigt war, dass ich andere Projekte nur mit halber Energie betrieb.

Ich wäre am liebsten jeden Moment zu Dreharbeiten nach Uganda aufgebrochen.

Da ich viele meiner bisherigen Filme selbst produziert hatte, begann ich nun, Leute, die ich in der Branche kannte, anzusprechen. Ich nahm Kontakt zu UNICEF auf, fragte, ob sie das Projekt unterstützen würden.

Alle waren interessiert. Doch niemand traf eine Entscheidung.

In dieser Zeit verdiente ich kein Geld. Freunde fragten, ob mir die Ungewissheit keine Angst mache; das Wort »Existenzangst« fiel. Doch ich spürte eine tiefe Sicherheit, dass mir nichts geschehen würde. Ich lebte sparsam, verzichtete auf einen neuen Mantel oder das teure Paar Schuhe und hoffte, dass das Auto nicht kaputtging. Das Warten und die Ungewissheit strengten mich an; aber etwas in mir ließ mich darauf vertrauen, dass bald eine Entscheidung fallen und ich mit der Arbeit beginnen würde.

Dann, im Frühsommer 2006, gab es endlich wieder positive Nachrichten, die mich motivierten: Der Münchner Malik Verlag war auf Anhieb daran interessiert, ein Buch über die Memory Books mit mir zu realisieren. Wir trafen uns zu ersten Gesprächen, tauschten Ideen aus.

Im Juli 2006 rief eine Redakteurin des ZDF bei Kick-Film an. Nach mehreren Telefonaten kam Anne Even nach München, um mich kennenzulernen.

Wir waren einander gleich sympathisch, was immer eine gute Grundlage ist. Doch nachdem ich ihr mein Konzept eine Weile dargelegt hatte, beugte sie sich vor, sah mich streng an und sagte: »Sie wissen, dass Fernsehzuschauer sich nicht für Filme über Afrika interessieren?« Für einen kurzen Moment ging all meine Hoffnung dahin.

Und doch gab ich mich nicht geschlagen. Ich beugte mich ebenfalls vor, sah mein Gegenüber freundlich an und sagte in festem Ton: »Die Memory Books werden von Eltern in Uganda geschrieben, das stimmt. Doch in meinem Film geht es um Gefühle. Gefühle, die alle Menschen kennen. Es geht um Abschied und Verlust, Trennung und Sehnsucht, um Kraft und Hoffnung. Man muss sich identifizieren können. Und da spielt es keine Rolle, in welchem Land der Welt der Film spielt!«

Anne Even lachte. »Gut«, sagte sie.

Etwas irritiert schaute ich sie an.

»Ich war auf Ihre Antwort gespannt, weil mir die Kollegen der Programmkonferenz die gleiche Frage stellen werden. Ich wollte wissen, wie Sie sie beantworten.«

Ich schluckte. »Sie meinen …«

»Ich meine, dass ich diesen Film mit Ihnen machen möchte. Ich muss nur noch die Programmverantwortlichen von ZDF und ARTE dafür gewinnen.«

Nirgendwo auf der Welt wütet Aids so wie in Afrika.

Das hat verschiedene Gründe, schreibt die kanadische Journalistin Stephanie Nolen, zum Teil liegen sie in den Ländern, in denen die Krankheit sich ausbreitet, zum Teil kommen sie von außen.

Der wichtigste Grund ist die Armut.

Menschen, die sich hätten schützen können, wenn sie das nötige Wissen und die entsprechenden Mittel gehabt hätten, leben mit dem HI-Virus. Gleichzeitig veranlasst Armut Menschen dazu, Dinge zu tun, die sie unter anderen Umständen nicht tun würden: sich zu prostituieren, mit untreuen Ehemännern zu leben, als Wanderarbeiter in billigen Behausungen unter deprimierenden Umständen zu existieren – aufgemuntert allein durch Alkohol und ab und zu käuflichen Sex.

Die Armut gründet in der Kolonialherrschaft. Fast 400 Jahre, so der langjährige Afrika-Korrespondent Bartholomäus Grill, plünderten fremde Mächte die Länder Afrikas, beuteten ihre Bodenschätze, ihre Ressourcen, ihre Menschen aus. Nach dem Ende des Kolonialismus begann der Kalte Krieg. Westmächte wie Ostblock unterstützten afrikanische Staaten – entsprechend ihren eigenen geopolitischen, ideologischen und wirtschaftlichen Interessen lieferten sie Waffen an Diktatoren und finanzierten korrupte Regime und Warlords. Nach 1989 zogen sich die Akteure zurück, und ganze Nationen versanken in Anarchie und Gewalt. Weltbank und Internationaler Währungsfonds drängten die verschuldeten Staaten Afrikas in den 80er-Jahren zu Wirtschaftsreformen nach westlichem Vorbild, die die Lage jedoch nur verschlimmerten. Heute, so bilanziert Grill, geht es den meisten afrikanischen Staaten schlechter als nach dem Ende der Kolonialherrschaft – drei Viertel der Bevölkerung leben in Armut.

Doch die Kolonialmächte haben nicht nur ökonomische Grundlagen zerstört. Die Erfahrung der Sklaverei wirkt als kollektives Trauma, als tiefes Gefühl der Minderwertigkeit bis in die Gegenwart fort. Rund 50 Millionen Afrikaner wurden nach jüngsten Berechnungen – unter anderem des Historikers Joseph Ki-Zerbo – verschleppt oder getötet. Völker und Staaten wurden auseinandergerissen, Gesellschaften, Sozialgefüge und Werteordnungen zerstört und durch von außen aufgestülpte fremde Ordnungen ersetzt. Die Eroberer lehrten die Eroberten die Moderne: Ratio, Steuern, Arbeitsdisziplin, Hygiene, Individualismus, Schriftkultur. Sie erklärten afrikanische Religionen und Mythen zu Götzenglauben, nannten afrikanische Traditionen und Überlieferungen primitiv und schädlich für den Fortschritt. Sie nahmen den Menschen Würde und Selbstwertgefühl. Als sie schließlich den Kontinent verließen, hinterließen sie verbrannte Erde.

Heute leben die Menschen in den Ländern Afrikas zerrissen zwischen Tradition und Moderne. Sie kämpfen mit Speeren und Schnellfeuergewehren. Sie beten zu Allah, zu Shiva oder Vishnu oder zu Gott dem Allmächtigen und beschwören gleichzeitig in tradierten Ritualen die Götter alter Natur- und Stammesreligionen. Sie haben Hunger und Handys. Sie reparieren Autos mit Steinen, weil ihnen Hammer und Zange fehlen, und montieren Satellitenschüsseln auf ihre Hausdächer. Sie leben als Nomaden und ziehen als Wanderarbeiter in die Metropolen. Sie frönen Aberglauben und Polygamie, trinken Bier und chatten im Internet. Sie beschwören urafrikanische Werte und das Brauchtum ihrer Ahnen und gieren nach Konsum und den Versprechungen des Fortschritts. Ihre kulturellen Überlieferungen, Märchen, Lieder, Tänze sterben weiter; doch liegt das inzwischen daran, dass Eltern zu früh sterben, um dieses Wissen an ihre Kinder weitergeben zu können.

Heute verändert Aids die Gesellschaften Afrikas.

So wie das HI-Virus das Immunsystem des menschlichen Körpers zerstört, schreibt Bartholomäus Grill, zersetzt es die letzten Abwehrkräfte der afrikanischen Gesellschaft. Der Soziologe Reimer Gronemeyer ist der Ansicht, der ökonomische Niedergang und der Aufstieg von Aids gehörten zusammen wie Zwillinge.

Der Pandemie begegnen die Afrikaner ebenfalls mit Denk- und Verhaltensweisen, die irgendwo zwischen Tradition und Moderne angesiedelt sind. Es kursieren wilde Gerüchte über die Verbreitung des HI-Virus, bis hin zu Verschwörungstheorien nach denen das Pentagon den Erreger zu militärischen Zwecken entwickelt habe und an Schwarzen erprobe. Manche Menschen glauben, das Virus verbreite sich durch Hexerei, durch böse Blicke und Zauberei. Sie beschwören die Götter und lehnen Kondome als Schutz strikt ab. Wissenschaftler, Ärzte und Aidsaktivisten in afrikanischen Krankenhäusern, Beratungseinrichtungen und Selbsthilfeorganisationen müssen sehr viel Aufklärungsarbeit leisten.

Doch es hat, das konnte ich während meiner Recherchereise feststellen, ein Wandel eingesetzt.

In Uganda beispielsweise beginnen Menschen, alte Tabus und Denkverbote zu überwinden. Sie fangen, weil sie es müssen, an, über Sexualität zu sprechen. Sie stellen, wenn auch zögerlich, die Polygamie in Frage, denken über Sinn und Gefahren häufig wechselnder Sexualkontakte sowie Frauenrechte nach. Traditionell haben wirtschaftlich, sozial und sexuell die Männer die Macht. Bislang dürfen Frauen sich ihren Ehemännern nicht verweigern, weil sie sonst damit rechnen müssen, beschimpft, geschlagen, verstoßen zu werden, weil sie bei einer Scheidung die Kinder und ihr Ansehen verlieren und mittellos zurückbleiben. Doch seit die Menschen zu Hunderttausenden an der Seuche sterben und die Zahl der Waisenkinder stetig steigt, müssen Frauen zumindest die Benutzung eines Kondoms einfordern können, um dem Risiko einer Infektion nicht länger wehrlos ausgeliefert zu sein und sich und ihre Kinder zu schützen.

Organisationen wie *Nacwola* und Frauen wie Christine sind Teil einer Bewegung, die Uganda erfasst hat. Im Angesicht der Katastrophe entsteht eine neue Kultur der Selbsthilfe – ein gemeinschaftliches Füreinandersorgen und Dasein, wie es im alten Afrika, vor Beginn der Kolonialherrschaft, einmal weit verbreitet war.

Nach achtzehn Jahren Ehe verließ mich mein Mann.

Er verließ mich nicht wegen einer anderen Frau. Er wollte einfach nicht mehr mit mir leben. Seine Worte trafen mich wie ein Schlag, ich fiel ins Leere.

Als wir uns kennenlernten, studierte er in München Mathematik, und ich arbeitete als Chemotechnikerin. Wir hatten viele gemeinsame Interessen. Wann immer es ging, unternahmen wir abenteuerliche Reisen, fuhren mit dem VW-Bus durch die Sahara, reisten durch Ostafrika und Asien. Im Oktober 1972 heirateten wir. Bald darauf wurden unsere beiden Söhne geboren. Wir waren eine Familie.

Bis zu dem Tag, an dem mein Mann sagte, er würde gehen.

Ich fühlte mich heimatlos.

Der Schmerz war unerträglich.

Mechanisch bewegte ich mich durchs Leben. Ich kochte, kaufte ein, versorgte die Kinder. Auch die Jungen – sie waren acht und zwölf Jahre alt – waren verzweifelt; der Ältere schrieb in der Schule schlechte Noten. Ich wusste nicht, wie es weitergehen sollte. Woher sollte ich die Kraft nehmen, eine neue Existenz aufzubauen? Ich würde Geld verdienen, einen Job finden müssen. Aus meinem Beruf als Chemotechnikerin war ich lange raus – was sollte aus uns werden?

Es war mein damaliger Nachbar Michael Mendl,

durch den ich zum ersten Mal mit der Welt des Films in Berührung kam. Auch seine Ehe war einige Jahre zuvor zu Ende gegangen, und als mich mein Mann verließ, hat er mir öfter zugehört, hat versucht, mich aufzurichten, mir zu vermitteln, dass das Leben weiterging und auch wieder schön sein konnte. Meine erste Berufsidee in meinem neuen Lebensabschnitt war, Synchronsprecherin beim Film zu werden. Michael Mendl nahm mich – obwohl das eigentlich nicht erlaubt war – zur Synchronisation eines Hollywood-Spielfilms mit. Die Arbeit war extrem anstrengend: Ständig kritisierte die Regisseurin seinen Tonfall, sein Tempo, den Duktus. Da wurde mir klar: nein, das war nichts für mich, das könnte ich nicht! Meinen beruflichen Werdegang hat Michael Mendl trotzdem verfolgt; bis heute haben wir Kontakt, obwohl er längst weggezogen ist.

Eines Abends, meine Söhne schliefen schon, las ich in der Zeitung eine Anzeige: Ein Radiosender suchte eine junge Mitarbeiterin für den Empfang. Die Zeitung war bereits drei Wochen alt, trotzdem schrieb ich eine Bewerbung. Ich erklärte, meine Post käme vermutlich zu spät, jung sei ich auch nicht mehr, aber eine innere Stimme sage mir, ich sollte es trotzdem versuchen.

Ich wurde genommen.

Die Mitarbeiterin, die der Sender nach Erscheinen der Anzeige eingestellt hatte, war kurze Zeit später wieder entlassen worden. Fortan arbeitete ich bei Antenne Bayern; später wechselte ich zum Fernsehsender Tele 5. Im Schichtdienst saß ich drei Abende und zwei

Vormittage pro Woche am Empfang; in der übrigen Zeit kümmerte ich mich um meine Kinder.

Irgendwann begann ich, mich in den Redaktionen umzusehen. Nachrichten, tägliche Lifesendungen, Prominente – die Fernsehwelt war lebendig und bunt, die Arbeit der Redakteure schien mir interessant. Ich machte ein Praktikum. Und später ein Volontariat. Anders als in meinem Beruf als Chemotechnikerin hatte ich es im Journalismus mit Menschen zu tun, ihren Schicksalen, ihren Lebenswegen – das war es, was mich wirklich interessierte. Ich begann, mir eine Existenz als Journalistin und Filmemacherin aufzubauen.

Es ist schwer zu akzeptieren, dass etwas zu Ende geht. Als mein Mann sich von mir trennte, wollte ich nicht wahrhaben, dass unsere Liebe zerbrochen war und unsere Familie nicht mehr vollständig; es hatte mir sehr viel bedeutet, eine Familie zu haben. Einerseits musste ich gegen das Gefühl ankämpfen, mein Leben sei nicht mehr lebenswert, andererseits wollte ich mich nicht zerstören lassen. Außerdem brauchten meine Kinder mich. Ich packte das Leben an, jetzt erst recht. Heute kann ich sehen, dass mich Trennung und Verlust stark gemacht haben, weil ich den Schmerz ausgehalten und mich mit dem Leiden auseinandergesetzt habe. So wuchs allmählich ein neues Gefühl von Stärke und Selbstwert und damit ein neues Lebensgefühl.

Die Erfahrung, verlassen zu werden, machen wir alle irgendwann, sie gehört zum Leben. Und je älter ich wurde, desto mehr drang auch der Tod in mein Leben.

Als mein Vater im Sterben lag, besuchte ich ihn täglich in der Klinik. Ich verbrachte viele Stunden an seinem Bett. Am Ende verlor er das Bewusstsein. Er starb an einem Morgen früh um sieben. Zwei Stunden später war ich bei ihm; zusammen mit meiner Mutter. Man hatte ihn mit einem weißen Laken zugedeckt. Ich setzte mich neben meinen toten Vater auf das Bett, streichelte sein Gesicht. Mir war, als spürte ich seine Seele, die den Raum erfüllte. Tief bewegt nahm ich Abschied.

Sogar der Tod unseres Hundes war ein tiefer Einschnitt. Chinnie war ein Mischling mit seidig rotbraunem Fell und klugen Augen, ein temperamentvolles, wunderschönes Tier, das mein Sohn sich gewünscht und bekommen hatte, als sein Vater auszog. Über fünfzehn Jahre hat Chinnie uns begleitet, dann wurde sie krank und erholte sich nicht mehr. Sie litt unter einem Bandscheibenvorfall, konnte nur noch unter Mühen laufen – sie, die stets so schnell gerannt war. Ich fuhr die Hündin zu dem See, in dem wir so oft geschwommen sind, trug sie ans Ufer, bettete sie auf eine Decke, ließ sie noch einmal die feuchte Luft schnuppern, die Ohren nach Wildgänsen spitzen und den aus dem Wasser springenden Fischen zuschauen. Am nächsten Morgen starb sie in meinen Armen; ich hatte die ganze Nacht bei ihr gewacht und erlebt, wie das Leben langsam aus ihrem Körper wich.

Als Erwachsene muss man sich mit dem Tod auseinandersetzen. Wenn die Generationenreihenfolge eingehalten ist, kann man ihn als natürliches Ereignis empfinden. Doch wie, fragte ich mich immer wieder, erlebten Kinder den Tod ihrer Eltern?

Ich selbst war behütet aufgewachsen. Ich war das einzige Kind meiner Eltern, und sie liebten mich sehr. Meine Mutter widmete sich mir hingebungsvoll. Allerdings verwirrten mich als Kind ihre oft wechselnden Gefühle – zu dieser Erkenntnis gelangte ich als Erwachsene in einer langen Psychoanalyse –; sie schwankte immer wieder zwischen großer Freude über meine Existenz und panischer Sorge, es könne mir etwas zustoßen. Weinte sie, was oft geschah, machte mein Vater mir Vorwürfe. Ich fühlte mich schlecht. Erst Jahre später erfuhr ich, dass sie nicht meinetwegen geweint hatte.

Meine Mutter hatte vor mir schon einmal ein Kind bekommen. Das Mädchen starb drei Tage nach seiner Geburt; sein Vater fiel im Zweiten Weltkrieg, in Afrika. Später lernte meine Mutter meinen Vater kennen. Als sie mit mir schwanger war, zog sie mit einem Flüchtlingstreck aus dem Sudetenland Richtung Bayern. In München kam ich zur Welt.

Meine Mutter bemühte sich, die Vergangenheit zu vergessen. Sie wollte mit ihrer neuen Familie glücklich werden – doch die Trauer um den nicht bewältigten Verlust holte sie immer wieder ein. Mein Vater sah hilflos zu.

Auch er hatte eine Vergangenheit, über die er selten redete. Während des Krieges hatte er sich in Frankreich verliebt. Als man ihn nach Deutschland zurückbeorderte, ließ mein Vater diese Frau zurück – in der

Ahnung, sie könnte schwanger sein. Auch ihn schien meine Existenz an ein anderes Leben zu erinnern.

Meine Eltern sprachen nicht über ihr Leid. Sie wollten einander und mich – und wohl auch sich selbst – nicht verletzen. Als ich älter war, stöberte ich in Schränken, fand Fotos, Briefe, Urkunden, entdeckte Namen, die mir nichts sagten, die mich aber verstehen ließen, dass man etwas vor mir verbarg. Erst spät erfuhr ich die Wahrheit – und verstand die Atmosphäre von unterdrückter Trauer und unbewältigtem Verlust, in der ich aufgewachsen war und die mich stets verwirrt hatte.

Und nun, viele Jahre später, bereitete ich mich darauf vor, einen Film über sterbende Eltern und ihre zurückbleibenden Kinder zu drehen – und die Erinnerungsbücher, die sie ihnen als Vermächtnis hinterließen. Das Leben hatte mich gelehrt, dass es gesünder war, schreckliche Erlebnisse nicht zu verdrängen. Es hatte mich gelehrt, dass die Auseinandersetzung mit ihnen Kraft freisetzte, Neues entstehen ließ.

Konnten die Memory Books den Kindern in Uganda helfen, den Tod ihrer Eltern besser zu ertragen, indem sie das Leben beschworen?

Am Freitag, dem 8. September 2006, bekam ich einen Anruf.

»Gestern fand unsere Programmkonferenz statt.« Anne Even vom ZDF war dran.

Ich hielt die Luft an.

»Ihre Memory Books wurden einstimmig angenommen.«

Einen Moment verschlug es mir die Sprache.

Zwei Jahre waren vergangen seit jenem Abend, an dem Henning Mankell auf dem Literaturfestival die Geschichte von Aida erzählt und ich beschlossen hatte, einen Film über die Kinder, ihre Eltern und die Erinnerungsbücher, die sie schrieben, zu drehen. Zwei Jahre, in denen die Memory Books mich nicht mehr losgelassen und ich trotz aller Widerstände nicht aufgegeben hatte. Zwei Jahre, in denen ich Zeit, Arbeit und Herzblut investiert, keinen Cent verdient und mich verschuldet hatte. Und nun würde ich eine 90-minütige Dokumentation drehen, meinen ersten Kinofilm. Und ich würde ein Buch schreiben über meine Arbeit und über die Memory Books in Uganda.

Mir kamen die Tränen vor Freude und Glück.

Neun

Am Morgen fegt Dennis den Lehmboden im Haus. Staub tanzt in der Luft, glitzert im Gegenlicht der spärlichen Sonnenstrahlen, die durch die fast geschlossenen Fensterläden hereinfallen. Dennis fegt vor dem Bett, unter dem flachen Tisch. Der Strohbesen kratzt über den Boden, ein gleichmäßiges, rhythmisches Geräusch. Dennis beugt sich vor und kehrt neben dem Fahrrad der Mutter. Er arbeitet gründlich. Das Haus ist stets sauber; auch seine Mutter hat das Haus stets sauber gehalten.

Dennis öffnet die Tür. Draußen füttert Chrissi die Hühner. Sie sieht herüber und lächelt schüchtern, als sie ihren Bruder im Türrahmen stehen sieht. Die Entenküken des Nachbarn tapsen um ihre nackten Füße herum. Sie recken die Hälse und reißen ihre kleinen orangefarbenen Schnäbel auf und quaken, doch sie bringen nur hohe, ein wenig hilflose Laute hervor. Ihr weicher Flaum glänzt in der Sonne.

Chrissie streut das Futter und wischt sich die Hände an den Hosenbeinen ab. Sie läuft zu ihrem Bruder und stellt sich neben ihn; er spürt die Wärme ihrer Haut an seinem Arm. Manchmal wünscht er sich, Chrissie würde nicht wie eine Klette an ihm hängen. Vor ein paar Wochen, als eine ihrer Tanten sie besuchte, wurde Chrissie krank. Sie bekam hohes Fieber, alle dachten, es sei Malaria. Dann fuhr die Tante wieder nach Hause, und am Tag darauf war Chrissi gesund. Abends im Bett gestand sie Dennis, sie habe gefürchtet, die Tante könne ihn mitnehmen und sie müsse allein zurückbleiben.

Dennis nimmt einen der Wasserkanister, die neben der Haustür stehen, und reicht Chrissi eine leere Flasche. Dann machen sich die Geschwister auf den Weg zum Brunnen. Sie laufen durch Wiesen und Maisfelder. Sie begegnen Frauen, die, in Tücher gehüllt, mit Körben voller Obst und Eiern zum Markt marschieren. Sie sehen einen Truthahn, der am Straßenrand steht und sie scheinbar prüfend mustert, bevor er träge weiterzieht. Sie laufen unter purpurfarbenen Bougainvilleen und Bäumen mit blutroten Blüten entlang und treffen schließlich auf den von Büschen gesäumten sandigen Weg, der zum Brunnen führt.

Als sie ankommen, warten bereits andere Kinder an der Pumpe. Ihre leeren Kanister stehen ordentlich aufgereiht neben dem Wasserrohr. Ein Mädchen schiebt gerade seinen Plastikkanister unter den Wasserschwall, zwei Jungen pumpen. Chrissi scharrt mit den Füßen im Sand und schielt zu zwei Kleinkindern hinüber, die im Sand spielen. Dennis stellt seinen Kanister ans Ende der Schlange.

Als ihre Mutter noch lebte, fuhr sie mit dem Fahrrad zum Brunnen. Eines Tages ging wieder ein Reifen kaputt, und weil die Mutter zu schwach war, die Kanister nach Hause zu tragen, machte Dennis sich auf den Weg. Von da an holte er jeden Morgen Wasser. Er half ihr auch, ihre Tabletten zu nehmen; sie musste sie alle zwei Stunden nehmen, und Dennis brachte sie ihr, denn er wusste, wo sie sie aufbewahrte. An diesen Tagen ging er nicht zur Schule. Als sie starb, hielt er ihre Hand.

Als die Geschwister an die Reihe kommen, schiebt Chrissi die leere Flasche unter den Wasserhahn, und Dennis pumpt. Mit gleichmäßigen Bewegungen drückt er den rostigen Schwengel herunter. Aus dem Rohr schießt ein klarer Schwall; sofort ist die Flasche voll und Chrissi schiebt den Kanister unter die Öffnung. Der Schwengel saust zurück. Ein paar Nachbarn haben einen Rahmen mit einem quer verlaufenen Holzbalken als Bremse um die Pumpe gebaut, damit der Schwengel nicht senkrecht hochschnellt, sobald man ihn loslässt. Dennis pumpt mit aller Kraft, bis auch der Kanister randvoll ist.

Auf dem Heimweg trägt Chrissi die Wasserflasche, und Dennis schleppt den Kanister, der ihm bei jedem Schritt gegen den Knöchel schlägt. Zu Hause angekommen, trinken die Geschwister einen Schluck Wasser und waschen sich. Dann machen sie sich auf den Weg zur Schule.

Die Geräusche der Gasse dringen durch die dünnen Wände, lachende Kinder, rufende Mütter, gackernde Hühner, vorbeieilende Schritte. Saina sitzt im einzigen Zimmer ihres Hauses auf dem Boden, mit rundem Rücken und ausgestreckten Beinen. Sie zeigt Harriet die eitrige Wunde, die sich wie ein Dreieck über ihren Handrücken zieht, ein nässendes, grellrosa Stück Fleisch zwischen Daumen, Zeigefinger und Handgelenk.

»Du brauchst eine Salbe. Sonst heilt die Entzündung nicht ab«, sagt Harriet.

»Ich habe eine Salbe. Doch die Wunde juckt, und wenn ich kratze, reibe ich die Salbe wieder ab.« Sainas Stimme klingt matt.

»Und wie geht es deinem Bein?«, will Harriet wissen.

Ihre Freundin schiebt wortlos das Tuch beiseite, das ihre Beine bedeckt. Eine Linie kleiner Knötchen und roter Bläschen zieht sich über den rechten Oberschenkel. Arme und Beine haben die für Aids typischen dunklen Flecken.

»Das Bein schmerzt noch mehr als die Hand. Es ist, als würde es innen drin jucken und brennen. Was soll ich dagegen tun?«

»Hast du keine Medizin?«

Saina senkt den Kopf. »Ich habe eine Spritze bekommen. Aber eine zweite kann ich mir nicht leisten.«

»Ich kenne eine gute Salbe. Ich werde versuchen, sie dir zu besorgen.« Harriet wendet sich ab; allein der Anblick des Ausschlags verursacht ihr Schmerzen. Sie zieht den Reißverschluss ihrer Handtasche auf und holt ein Fläschchen mit Tabletten heraus. Saina stellt es neben sich auf den Boden. Ihre wenigen Haare sind zu kurzen Zöpfen geflochten, die in runden Bögen vom Kopf abstehen.

»Mein Bein tut sehr weh. Mein ganzer Körper tut sehr weh. Ich wache nachts auf vor Schmerzen. Ich fühle mich schwach und friere, selbst wenn draußen die Sonne scheint.«

»Ich werde versuchen, dir die Salbe zu besorgen. Wenn Gott uns beisteht, bekommst du sie in ein paar Tagen.«

»Ich schicke meine älteste Tochter, damit sie sie bei dir abholt.«

»Du wirst sehen, damit wird der Ausschlag verschwinden. Die Salbe stinkt – aber sie hilft. Sie lässt die Bläschen abklingen und lindert den Schmerz.« Harriet fühlt sich hilflos, darum redet sie, sagt wieder und wieder das Gleiche, fast beschwörend. Sie öffnet noch einmal ihre Tasche und packt zwei Plastikschüsseln mit Reis und *Matoke* aus. »Hast du jemanden, der für dich kocht?«, fragt sie.

»Meine Tochter, wenn sie in der Nähe ist. Und ab und zu bringt eine Nachbarin etwas zu essen vorbei.«

Harriet zieht die Deckel von den Schüsseln. »Du musst viel essen, damit du wieder zu Kräften kommst.«

Saina nickt und streckt ihre Hand nach dem Reis aus. Sie zittert.

»Du musst viel essen und trinken. Dein Körper braucht Kraft, um sich gegen die Krankheit zu wehren.« Als würde Harriet nicht sehen, dass Saina den Kampf längst verloren hat.

Harriet setzt sich neben sie und reicht ihr Reis und

Matoke. Draußen hallen Stimmen durch die enge Gasse, vor dem Fenster huschen Schatten vorbei. Es riecht nach Schimmel und Abwasser. Saina kaut langsam. Ihr Mund schmerzt, und bei jedem Bissen, den sie schluckt, brennt ihre Speiseröhre, weil ein weißer Pilz sich in Gaumen und Rachen ausgebreitet hat.

»Wenn deine Tochter die Salbe holt, werde ich ihr auch ein bisschen Zucker und Saft und Hirse mitgeben. Dann kann sie dir Brei kochen. Den gebt ihr in eine Warmhalteflasche – so kannst du den ganzen Tag über etwas essen.«

»Die Warmhalteflasche ist hingefallen und zerbrochen.«

»Dann finden wir eine andere Lösung.«

Harriets Blick streift durch den Raum. Die Kommode mit den weißen Tassen, das Bett hinter einem löcherigen Vorhang, das Herz-Jesu-Bild über dem einzigen Stuhl, die Fotos von Sainas acht Kindern. Sie denkt daran, wie sie sich im *Post Test Club* kennenlernten, kurz nachdem Harriet erfahren hatte, dass sie HIV-positiv ist. Zu der Zeit nahm Saina bereits antiretrovirale Medikamente, doch ihr Körper war geschwächt, sie bekam Tuberkulose, kurze Zeit später Malaria.

»Lass mich noch einmal deinen Rücken anschauen«, sagt Harriet, als Saina gegessen hat. Saina versucht, sich aufzurichten, Harriet stützt sie. Sie hebt die Bluse ihrer Freundin an und erschrickt. »O Gott, der Furunkel ist ja noch größer geworden.«

Saina zuckt mit den Schultern. »Der Doktor hat gesagt, das ist normal. Er hat gesagt, wenn er größer wird, soll ich wiederkommen, doch als ich wieder in die Klinik kam, hatten sie keine Zeit für mich. Sie haben mir Tabletten gegeben, aber die helfen nicht.«

»Ich weiß nicht, was in diesem Krankenhaus, in das du gehst, los ist«, schimpft Harriet und zieht Sainas Bluse zurecht. »Sie hätten dir gleich beim ersten Mal ausreichend Medikamente mitgeben sollen.«

»Es ist ein gutes Krankenhaus.« Saina kratzt sich an ihrem Handgelenk. »Aber in letzter Zeit kommen so viele Patienten, dass sie Wartelisten aushängen. Die Ärzte machen auch keine Hausbesuche mehr.« Sie lässt sich zurücksinken. »Wir sind einfach zu viele …«

Eine Weile sitzen die Frauen am Boden und schweigen. Draußen in der Gasse schimpft ein Mann, ein Moped knattert vorbei.

»Ich habe für alle meine Kinder ein Memory Book geschrieben«, sagt Saina leise. »Es ist jetzt an der Zeit. Ich habe keine Kraft mehr. Ich kann nachts kaum schlafen vor Schmerzen …«

Harriet senkt den Kopf. Sie hört Wasser plätschern und ein Kind, das weint. Sie hört das Brummen eines großen Insekts und in der Ferne einen Bus. Sie schaut Saina an, lässt ihren Blick über die Falten auf ihrer Stirn wandern, die weißen Flecke auf ihren Wangen, am rechten Nasenflügel. Sie sagt: »Ich werde für dich beten.«

Saina hebt den Kopf. Einen Augenblick lang keimt Hoffnung in ihrem Blick. Sie sieht ihre Freundin an, als hätte sie eine Frage gestellt und als würde Harriet die Antwort kennen. Als würde sich im nächsten Moment alles als ein einziger Irrtum erweisen. Dann erlischt ihr

Blick. Saina schließt die Augen, sinkt noch weiter in sich zusammen.

Über ihr spielt der Wind mit der Gardine.

Harriet kratzt sich am Fuß, steht auf, schlüpft in ihre Sandalen. Sie erträgt es kaum zu sehen, wie ihre Freundin leidet, und dass sie sich nur eines wünscht – zu sterben.

»Ich werde die Salbe besorgen und sie dir schicken«, sagt Harriet und nimmt ihre Tasche. »Ich bete für dich und besuche dich so bald wie möglich wieder. Du weißt ja, ich kann nicht so oft kommen, wie ich möchte, die Fahrt hierher ist teuer.«

Saina sitzt noch immer mit geschlossenen Augen da, reglos, wie aus Ebenholz geschnitzt.

Das Geräusch ihrer Schritte auf dem Estrich zerreißt die Stille, als Harriet zur Tür geht. Sie dreht sich noch einmal um, winkt. Dann tritt sie nach draußen. Die Sonne blendet sie. Harriet wendet sich nach links und geht die Gasse hinauf – das Geräusch ihrer Schritte klingt beinahe unerträglich lebendig.

Das Land ist weit, und die Hütten wirken wie hingestreut. Ihre Strohdächer sind tief heruntergezogen, schiefe Holzbalken stützen das Vordach. Es ist still, nur der Wind fährt ab und zu durch die schüttere Palme, lässt ihre Blätter rascheln.

Zwei Jungen sitzen im Schatten des Vordachs auf einer Grasmatte. Sie sind Brüder, acht und elf Jahre alt. Der Ältere bohrt mit einem langen Metallstift Löcher in eine leere Plastikflasche. Der Jüngere schaut zu.

Der Ältere greift nach einem gebogenen Stück Holz. Er will es in die Flasche stecken, doch der Zweig ist zu dick. Der Junge zieht ein Messer hervor. Mit einer Hand hält er den Zweig fest, mit der anderen schlägt er in kurzen, raschen Bewegungen die Rinde ab. Immer wieder probiert er, ob der Zweig bereits in die Flaschenöffnung passt. Sein Bruder wendet sich ab und schnippt Steine durch den Sand.

Der Junge arbeitet konzentriert weiter. Er kniet sich hin, um mehr Kraft zu haben, holt aus und entfernt in schnellen Schlägen immer mehr Rinde. Schließlich passt der Ast durch die Öffnung. Der Junge beginnt, kleine Löcher in den Ast zu bohren. Er bricht winzige Zweige in Stücke und schält sie mit einer Rasierklinge, bis sie so dünn sind, dass er sie durch die Löcher im Ast schieben kann. Sein Bruder wischt sich Rotz von der Nase.

Der Junge bohrt ein weiteres Loch in den Bauch der Flasche. Er bindet einen Faden um ein Stück Holz, schiebt es durch das Loch und zieht an dem Faden, bis das Holzstück quer vor dem Loch sitzt und nicht mehr herausrutschen kann. Dann spannt er den Faden und wickelt ihn um einen der Stifte in dem Ast. Er zieht den Faden stramm wie eine Saite.

Wenn der Junge hochschaut, blickt er auf sechs Gräber.

Doch der Junge schaut nicht hoch, er bastelt weiter an seinem Instrument. Sein Bruder zupft mit klebrigen Fingern an der ersten Saite. Ein heller Ton erklingt. Der Junge spannt drei weitere Saiten. Dann stimmt er seine

Bogenharfe so lange, bis sie vier deutlich verschiedene Töne von sich gibt. Er setzt sich, lehnt sich an einen der Pfeiler, die das Vordach stützen, und lacht. Seine schiefen, abgebrochenen Vorderzähne blitzen. Er ist stolz und zufrieden.

Mit beiden Händen hält der Junge das Instrument, zupft an den Saiten und singt: »My God, I praise you …« Manchmal, bei den hohen Tönen, kippt seine Stimme. Sein kleiner Bruder sieht zu und kaut auf einem Zweig; sein zu großes T-Shirt rutscht ihm von der Schulter, seine Shorts sind schmutzig, und unter seiner Nase hängt schon wieder Rotz. »My God, I praise you …« Irgendwann stimmt der kleine Bruder ein.

Die Jungen verbringen den Nachmittag damit, Lieder auf der Bogenharfe zu spielen und zu singen. Als ihr fast erwachsener Bruder von der Feldarbeit heimkommt, füttern die Kleinen die Kuh, während der Große kocht. Sie sitzen im Küchenhaus, und essen Reis und Bohnen. Nach dem Essen wäscht der Älteste Wäsche, und die Kleinen breiten sie zum Trocknen im Gras aus. Als die Sonne feuerrot untergeht und den dürren Busch durchglüht, wollen die Kleinen sich nicht auf ihre Strohsäcke zum Schlafen legen. Der Jüngste quengelt so lange, bis der Älteste das Memory Book ihrer Eltern aufklappt und vorzulesen beginnt. *Ich hoffe, meine Söhne, ihr werdet gute Menschen. Ich hoffe, ihr geht zur Schule und macht eure Abschlüsse. Ich hoffe, ihr haltet immer zusammen und sorgt füreinander.*

Die Kleinen kuscheln sich aneinander. Je länger der große Bruder vorliest, desto stiller werden sie. Gebannt lauschen sie dem, was ihre Mutter geschrieben hat. *Euer Vater war ein starker, kluger Mann. Er wuchs mit acht Geschwistern auf. Er ging zur Schule, und später arbeitete er in einer Fabrik. Euer Vater liebte euch sehr. Er arbeitete hart. Er sorgte gut für seine Familie und baute uns ein Haus. Euer Vater ging nie in Bars, lieber nahm er euch mit zum Angeln oder brachte eurem ältesten Bruder bei, wie man schnitzt. Er war ein guter Mann, denn er war immer für seine Verwandten und Freunde da und half, wenn jemand Hilfe brauchte. Meine Söhne, ich möchte, dass ihr werdet wie euer Vater.*

Draußen wird es Nacht, und vor der Hütte leuchten sechs Grabsteine, ins helle Mondlicht getaucht.

Josef sitzt am Fenster seines Hauses. Frühes Licht bricht sich in den Blättern des Mangobaumes, glitzerndes, frisches Grün. Josef stützt einen Arm auf den Tisch, mit der Hand fährt er sich über das graue Haar. Er bewegt sich bedächtig. Sein Körper ist immer noch kräftig, Josef ist gesund, doch er ist alt. Er hat viel gesehen, und seine Erfahrung hat ihn umsichtig gemacht. Doch es gibt immer noch Dinge, die ihn empören. Josef steckt immer noch voller Energie.

Auf dem kleinen Tisch neben ihm steht ein Radio, und Josef hört zu, wie Robert Mukasa sagt: »Heute geht es bei *Straight Talk Radio* um *defilement*. Meine Gäste hier im Studio sind Cathy, Alex und Sharon. Und ich frage gleich einmal Alex: Weißt du, was *defilement* bedeutet?«

Alex antwortet: »Klar, *defilement* bedeutet, dass ein

Mann, der älter als dreißig Jahre ist, nicht mit einem Mädchen, das jünger als achtzehn Jahre ist, Sex haben darf.«

»Alex, ich bin beeindruckt. Du hast offensichtlich schon von *defilement* gehört. Allerdings ist deine Antwort nicht ganz richtig: *Defilement* bedeutet Sex mit einem minderjährigen Mädchen. Hat umgekehrt ein Mädchen oder eine Frau Sex mit einem minderjährigen Jungen, nennt man das *indecent assault* – ein Sexualdelikt. Beides ist strafbar! Sharon, kennst du ein Mädchen, das Erfahrung mit *defilement* hat?«

»Ja, eine meiner Freundinnen wurde von einem Mann in ihrer Nachbarschaft gezwungen, mit ihm zu schlafen. Der Mann kann kein hübsches Mädchen vorbeigehen sehen, ohne es anzumachen. Meine Freundin hat sich später untersuchen lassen – und sie ist HIV-positiv! Ihr Vater hat den Mann angezeigt, aber der streitet alles ab.«

»Ich kenne ein Mädchen, das sich in einen Jungen verliebt hat«, sagt Cathy. »Nach einer Weile haben sie miteinander geschlafen. Der Junge war zwanzig, das Mädchen erst siebzehn. Ein halbes Jahr später bekam der Junge Tuberkulose, und das Mädchen hatte solche Angst, dass er HIV-positiv sein könnte, dass sie sich testen ließ. Und sie hat sich tatsächlich bei dem ersten Jungen, mit dem sie geschlafen hat, mit HIV angesteckt!«

Josef dreht das Radio leiser. Als er vor mehr als 50 Jahren Gladys kennenlernte, gab es diese Krankheit nicht; zumindest hatte niemand von ihr gehört. Nun gibt es Gesetze, die jungen Menschen die Liebe verbieten. Wäre es nicht klüger, ihnen einfach zu erklären, wie sie sich schützen können, anstatt ihnen Strafen anzudrohen, wenn sie tun, was Liebende eben tun? Wieder streicht sich Josef über sein graues Haar.

Als er die Jungen kommen hört, schaltet er das Radio aus, bückt sich, hebt das alte Messer vom Boden auf und geht zur Tür.

»*Hamjambo*«, sagt Josef, als die Kinder ihn begrüßen. »Wie geht es euch?« Sie sind zu sechst, und ihr Lehrer hat sie zu ihm geschickt.

»Gut«, sagen die Jungen.

»Wie geht es euren Familien?« Josef sieht, dass auch Eric und Dennis dabei sind; ihnen hat er neulich beigebracht, wie man auf einer Djembe trommelt.

»Gut«, antworten die Jungen; doch Josef weiß, dass das nicht stimmt.

Er zieht seine Schuhe an und setzt einen Hut auf. Dann machen sie sich auf und gehen in den Wald, der gleich hinter seinem Haus beginnt.

Die Erde ist weich unter ihren Füßen. In der Nacht hat es geregnet, und der Boden dampft noch. Die Luft ist feucht, Sonnenlicht bricht durch die Blätter der hohen Bäume, und Vögel zwitschern. Neulich hat Josef einen Kronenkranich gesehen; den würde er den Kindern gern zeigen, immerhin ist er das Wappentier der ugandischen Nationalflagge. Er fragt: »Wer von euch hat schon einmal einen Kronenkranich gesehen?«

Zwei Jungen sagen: »Ich!«

»Und ihr?« Die anderen vier schütteln die Köpfe.

»Als ich so alt war wie ihr, ist mein Vater mit mir auf dem Victoriasee Boot gefahren. Wir haben geangelt. Und oft haben wir am Ufer Kronenkraniche entdeckt, die auf ihren langen Beinen herumstolzierten. Man musste genau hinschauen, denn ihr Gefieder ist grau, manchmal schwarz. Nur ihre Flügel sind weiß, und ihr Schwanz ist dunkelrot. Aber man erkennt sie immer an der goldgelben Federkrone auf dem Kopf. Mein Vater hat mir erklärt, dass Kronenkraniche fast dreißig Jahre alt werden können.« Unvermittelt bleibt Josef stehen. Er deutet auf einen Baum.

»Wisst ihr, was das für ein Baum ist?«

Die Jungen schütteln die Köpfe.

»Das …«, sagt Josef, »ist ein Mutuba-Baum.« Er schaut in die Höhe, betrachtet prüfend den schlanken Stamm. Seine Hände streichen über die Rinde. »Dies ist ein guter Baum«, sagt Josef. »Wisst ihr, warum?«

Wieder wissen die Jungen keine Antwort.

»Weil seine Rinde langsam ihre braune Farbe verliert und silbern wird. Das bedeutet, dass man sie schälen kann.«

Josef nimmt sein Messer und beginnt, einen langen Streifen Baumrinde vom Stamm zu schälen. Eric, Dennis und die anderen Jungen hocken sich neben den Mutuba-Baum und schauen zu. Josef nimmt ein Stück Rinde und trennt vorsichtig die äußere Schicht ab, bis nur noch das feine, helle Innere in seiner Hand liegt. Er hält es den Jungen hin, lässt sie es befühlen. »Daraus macht man Rindentuch. Habt ihr das schon mal gesehen? Wisst ihr, was das ist?«

Zwei Jungen nicken, zwei schütteln den Kopf, Eric und Dennis sehen Josef neugierig an.

»Setzt euch. Ich erzähle euch eine Geschichte.«

Die Jungen scharen sich um den alten Mann und strecken die Beine im Laub aus.

»Über sechshundert Jahre haben die Männer und Frauen vom Stamm der Baganda im Süden des Landes Rindentuch hergestellt. Sie schälten die Rinde der Mutuba-Bäume, schlugen sie mit hölzernen Hämmern und bearbeiteten sie so lange und aufwendig mit weiteren Werkzeugen, bis die Rinde weich und zart und von kräftiger rotbrauner Farbe war. Sie achteten stets darauf, dass die Rinde nicht zu schnell trocknete, sonst wäre sie hart geworden. Die Frauen verzierten die fertigen Stoffe mit wunderschönen alten Mustern.

Die Baganda waren geschickt im Herstellen von Rindentuch, und sie gaben ihre Kenntnisse weiter an ihre Kinder, die sie wiederum an ihre Kinder weitergaben. So waren sie über Generationen die besten Rindentuchhersteller in Uganda.«

»Aber was haben die Menschen mit dem Rindentuch gemacht?«, fragt Eric.

»Die Baganda haben Kleider, Decken und Tücher daraus hergestellt. Kleider für die königliche Familie – sie wurden gebleicht oder schwarz gefärbt, sodass jeder sah, dass ihre Träger eine besondere Stellung innehatten. Aber auch Kleider für traditionelle Feste, für Krönungsfeierlichkeiten, Beerdigungen, rituelle Heilungszeremonien, Initiationen.«

»Was ist eine Initiation?«, will einer der Jungen wissen.

Josef mustert ihn mit seinen alten Augen. Dann fragt er: »Hat dir dein Vater das nie erzählt?«

Der Junge schüttelt den Kopf und senkt den Blick.

»Wisst ihr anderen, was eine Initiation ist?«

Drei Jungen nicken, die anderen beiden schütteln den Kopf. Auch Josef möchte den Kopf schütteln, doch er weiß, dass die Eltern dieser drei Jungen früh gestorben sind.

»Die Initiation ist ein Ritual, durch das Jungen zu Männern werden. Eine große Zeremonie, die mehrere Tage dauert.«

»Mein ältester Bruder hat das gemacht«, sagt ein Junge. »Aber dann ist unser Vater in die Stadt gezogen, um Geld zu verdienen. Ich weiß nicht, ob ich auch initiiert werde.«

Josef reibt die feuchte Rinde zwischen seinen Fingern. Es erschreckt ihn immer wieder, wenn er sieht, wie seit Generationen überlieferte Traditionen und Rituale verschwinden, weil so viele Eltern sie ihren Kindern nicht mehr vermitteln. Er, Josef, ist mit den Göttern und Geistern und Ahnen aufgewachsen, er lebt bis heute mit ihnen, er kennt all die alten Rituale und praktiziert sie. Er hat zu den Regengöttern getrommelt, bis es regnete – auch noch, als die Missionare mit ihren Bibeln durchs Land zogen. Josef kann Rindentuch herstellen und Seife machen, er kennt noch die alten Märchen, die alten Lieder, seine Frau weiß, wie man Körbe und Matten flicht. Wenn Josef krank ist, geht er zu einem traditionellen Heiler, damit der die Geister gewogen stimmt und Josef wieder gesund wird. Josef weiß, dass die traditionellen Heiler gegen Aids nichts ausrichten können; aber sie können die Symptome lindern, ihre Kunst ist immer noch wertvoll. Sonst wäre Josef nicht so alt geworden; und seine ganze Familie erfreut sich bester Gesundheit.

Josef streicht über die Rinde, die er immer noch in der Hand hält. »Irgendwann kamen die Araber«, sagt er, »und die brachten Baumwolle. Bald wurden Kleider aus Rindentuch nur noch bei speziellen Gelegenheiten getragen. Alle kauften nun Baumwollkleider, die Baganda verloren ihre Lebensgrundlage und bald gab niemand mehr das alte Wissen an die Jungen weiter.«

»Hast du das auch von deinem Vater gelernt?«, fragt Eric.

Josef nickt.

Eric überlegt, was sein Vater ihm beigebracht hat. Angeln. Und schnitzen. Wie man einen Fisch ausnimmt und wie man ein Feuer macht. Das Autofahren wollte er seinem Sohn auch beibringen, später, wenn Eric größer wäre, das hatte er versprochen. Dann starb Erics Vater – lange bevor sein Sohn alt genug war, um sich an das Steuer seines Taxis setzen zu dürfen.

Dennis deutet auf den Mutuba-Baum. »Was passiert mit dem Loch?«

Josef sagt: »Die Rinde wächst nach. Ich habe nur ein kleines Stück abgeschält, um es euch zu zeigen. Wenn richtig geerntet wird, umwickelt man die Stämme bis hinauf zur Krone mit Bananenblättern, damit sie nicht austrocknen. Im Jahr darauf ist die Rinde nachgewachsen.«

Josef schneidet das Rindenstück in schmale Streifen und verteilt sie unter den Jungen. »Erinnert ihr euch an das Lied, das ich euch bei eurem letzten Besuch beigebracht habe?«

Dennis und Eric nicken heftig. *»Ssematimba ne Kikwabanga!«*

Und so machen Josef und die Jungen sich auf den Heimweg und singen dabei das Lied der beiden Brüder Ssematimba und Kikwabanga, die einst im heutigen Mukono-Distrikt lebten und ständig Kriege führten, wodurch sie reich und reicher wurden. Eines Tages luden die Brüder viele Freunde ein, um mit ihnen einen weiteren großen Sieg zu feiern. Sie schlachteten eine fette Ziege. Doch während der Koch das Festmahl zubereitete, hörten die Brüder von einer neuen Schlacht. Sofort griffen sie zu ihren Waffen, riefen ihren Gästen zu, sie wären bald zurück, und machten sich auf den Weg.

Doch diesen Kampf überlebten die Brüder nicht.

»Da lernt ihr also«, sagt Josef und streicht wieder über sein graues Haar, »dass es besser ist, im Leben nicht zu warten, sonst kann es passieren, dass ihr etwas Köstliches versäumt.«

Am Ende des Tages sitzt Christine mit einer Kollegin an einem Tisch im Behandlungszimmer in der Klinik. Nebenan im Krankensaal schreien Kinder, ein Baby weint, eine Mutter versucht es zu trösten. Seit Tagen weht kein Wind, und obwohl alle Fenster offen stehen, ist die Luft stickig und schwer.

Vor Christine liegt eine Zeitung. Auf der Titelseite von *The New Vision*, Ugandas führender Tageszeitung, steht in dicken schwarzen Lettern: *Der* Globale Fonds *streicht 16 Millionen Dollar*.

»Hast du das gelesen?«, fragt Christine ihre Kollegin. Die kaut ein Stück Papaya und schüttelt den Kopf.

Christine streicht über die blaue Tischdecke, rückt die Zeitung zurecht, räuspert sich und liest laut: »Der *Globale Fonds zur Bekämpfung von Aids, Tuberkulose und Malaria* hat wegen ›mangelhafter Umsetzung‹ bereits bewilligte Gelder für zwei Programme zur Bekämpfung von Malaria und Tuberkulose dauerhaft gesperrt. Uganda verliert dadurch Subventionen in Höhe von 16 Millionen US-Dollar.

›Wir haben Finanzhilfe beantragt, aber der *Globale Fonds* hat sie nicht bewilligt und uns seine Entscheidung vor zwei Wochen mitgeteilt‹, sagte der Staatsminister für Gesundheit, Emmanuel Otaala. ›Wir können den Fonds nicht zwingen. Wir werden uns erneut bewerben, die Unterlagen dafür werden in den kommenden zwei Monaten eingereicht.‹«

Christine schaut ihre Kollegin an. »16 Millionen Dollar – wie sollen wir ohne das Geld zurechtkommen?«

»Das haben sie doch schon mal gemacht, vor zwei Jahren.«

»Ja. Aber damals wurden die Gelder nur vorübergehend gestoppt. Jetzt wurden sie dauerhaft gesperrt.«

Irgendwo schlägt eine Tür zu. Das Baby schreit sich die Seele aus dem Leib. Christine kratzt sich am Arm und liest weiter. »Wie unsere Zeitung aus zuverlässiger Quelle erfuhr, hat der *Globale Fonds* die Gelder für die Malaria-Programme gesperrt, weil die Regierung Empfehlungen des Untersuchungsberichts verspätet umgesetzt hat.«

»Was meinen sie damit?« Christines Kollegin blickt zur Decke; ein Stück Deckenverkleidung hat sich gelöst, ein schwarzes Loch klafft über ihren Köpfen.

Christine zuckt mit den Schultern. »Hier steht: ›Der Fonds will, dass die Regierung die Verwendung der bewilligten Gelder besser kontrolliert. Laut Untersuchungsbericht wird dem früheren Gesundheitsminister Jim Muhwezi weitreichendes Missmanagement des Projekts vorgeworfen.‹«

Christines Kollegin atmet hörbar aus. »Nun, es fehlt uns in der Tat an allem. Wir haben keine Instrumente, kaum noch Infusionen, und es gibt seit Wochen keine Medikamente gegen Tuberkulose mehr. Wir haben viel zu wenig Ärzte. Wir müssen Patienten nach Hause schicken, weil wir ihnen nicht helfen können.«

Christine fährt fort: »›Nachdem das Kabinett im vergangenen Jahr über den Untersuchungsbericht beraten hat, wurde der stellvertretende Generalstaatsanwalt angewiesen, die Namen derer, gegen die ermittelt werden soll, an die zuständigen Behörden weiterzuleiten.‹«

»Das nützt den Kranken wenig.« Christines Kollegin seufzt. Sie steckt sich noch ein Stück Papaya in den Mund und kaut nachdenklich. Ihr Blick wandert über die Wand hinter Christines Rücken und bleibt an einem Plakat hängen: Eine junge Frau mit einem schwarzen Doktorhut auf dem Kopf lächelt stolz in die Kamera. Über dem Foto steht in großen Druckbuchstaben: *Ich bin weit gekommen – weil ich auf mich und meine Gesundheit achtgebe!*

Christine streicht mit den Fingern über die Zeitung. Neben dem Artikel ist ein großes Foto auf der Titelseite abgedruckt: Soldaten einer afrikanischen Friedensmission, die kurz zuvor in Somalia gelandet sind. »Weißt du, was der stellvertretende Generalbevollmächtigte sagt?« Sie wartet die Antwort ihrer Kollegin nicht ab. »›Ermittlungen brauchen Zeit. Wir haben es mit einer ernsten Angelegenheit zu tun, da sollte der Staat sorgfältig arbeiten.‹«

»Aber wenn weiterhin keine Medikamente geliefert werden – wie helfe ich dann den Kranken? Wie erkläre ich das?«

Christine schiebt die Zeitung beiseite und schüttelt den Kopf. »Ich habe gehört, dass auch die Lieferung von antiretroviralen Medikamenten stockt. In manchen Kliniken sitzen Patienten weinend in den Fluren, weil sie keine Medikamente mehr bekommen.«

»Man kann die Menschen nicht auffordern, sich testen zu lassen, sie bei positivem Bescheid zur Aidsberatung schicken, wo man ihnen rät, sich antiretrovirale Medikamente zu holen – wenn es die dann nicht gibt. Die Leute sterben, wenn man ihnen nicht hilft!«

»Der Minister sagt, es gäbe bald wieder Medikamente.« Christine isst das letzte Stück Papaya. Ihre

Kollegin steht auf. Sie streicht ihren rosa Kittel glatt. Christine erhebt sich ebenfalls. Draußen fängt das Baby wieder an zu weinen, und eine Frau schimpft mit einem Kind. »Ich weiß, dass es in manchen Nachbarländern noch schlimmer ist«, sagt Christine und greift nach ihrer Handtasche, »und ich bin dankbar, dass die Krankenhäuser heute besser ausgestattet sind als vor zehn oder zwanzig Jahren. Aber es wäre schön, wenn alle, die Medikamente brauchen, auch welche bekämen. So wie in den reichen Ländern.«

Im weichen Licht des späten Nachmittags fegt Betty den Platz in der Mitte der Rundhütten, bis aller loser Sand und alle Blätter fort sind und der festgetretene Boden sauber in der Sonne glänzt. Sie bindet die Kuh unterm Mangobaum fest und räumt die Schüsseln zusammen, in denen Patricia Lucy und die Nachbarskinder gebadet hat. Lucy läuft schon im Schlafanzug herum, die Hosen bis über die Knie hochgerollt, die Ärmel aufgekrempelt, der Blick keck.

Betty ruft die Kinder zusammen und rollt eine Grasmatte auf dem Platz aus. Die Kinder scharen sich um sie. Lucy beansprucht den Platz an der Seite ihrer Mutter, und Betty zieht ihre Jüngste zu sich. Sie streichelt ihr über den Bauch, riecht an ihrem duftenden Haar und lächelt. Sie nimmt Lucys Hände in ihre und klatscht. Lucy lacht. Die anderen Kinder fallen ein, und auch die Kleinen, die erst drei oder vier sind, klatschen mit.

Im Küchenhaus kochen die Nachbarsfrauen das Abendessen. Betty sieht den Dampf, der von der Kochstelle aufsteigt, hört das Klappern der Töpfe. Am Morgen hat George, Bettys zweitältester Sohn, einen Fisch gefangen. Die Frauen grillen ihn, außerdem bereiten sie Hirsebrei, *Matoke* und Gemüse vor.

Ein Nachbar kommt nach Hause, steigt von seinem Fahrrad, lehnt es an die Wand seiner Hütte und schaut Betty und den Kindern zu. Die Bäume leuchten grün, die Erde rot, und überall blühen Blumen. Ein paar Ziegen laufen zwischen den Rundhütten herum; eine stößt einen leeren Tonkrug um. Ein Pfau schlägt sein Rad.

»Halleluja …«, singt Betty mit warmer, rauer Stimme.

»Halleluja …«, singen die Kinder.

Der Nachbar winkt herüber, ehe er in seiner Hütte verschwindet.

Lucy kichert und klatscht einen Jungen ab. »Du hast da was«, sagt sie und deutet auf seine Nase.

Der Junge wischt sich durchs Gesicht. »Da ist nichts.«

Lucy kichert noch heftiger. Sie ist frech und ausgelassen. Sie lässt sich zurücksinken und kuschelt sich in Bettys Arme. Betty singt:

Meine kleine Lucy
war so ein süßes Baby,
doch dann lerntest du laufen
und hattest schwarze Füß' …

Lucy kichert und lacht und windet sich in Bettys Armen. Auch Betty lacht.

Meine kleine Lucy
ist immer noch so fröhlich,
ich bete zu Gott dem Herrn,
dass das immer so bleibt …

Ein paar Mädchen rollen weitere Grasmatten aus, und die Frauen tragen Geschirr aus dem Küchenhaus herüber. Dann kommen die Köchinnen mit den dampfenden Töpfen. Bettys Tante bringt Wasser in Flaschen, ihr Bruder scheucht die Hühner fort. Alle setzen sich und tauchen ihre Finger in den Hirsebrei, teilen Stücke vom Fisch ab, tunken ihn in die Soße, greifen nach dem Gemüse. Sie essen schnell und viel; niemand weiß, ob es morgen auch genug für alle gibt.

Später sammeln die Frauen das Geschirr ein, waschen ab, und die Mädchen helfen ihnen. Bettys Bruder hockt im Schatten unter der breiten Krone des Mangobaums und trommelt; andere Männer gesellen sich zu ihm, einige haben Rasseln dabei, einer eine Bogenharfe. Betty ruft Patricia zu sich, und die beiden setzen sich zu George unter das Vordach ihrer Rundhütte. Für George hat Betty schon ein Memory Book verfasst; ihre anderen Kinder sollen auch welche bekommen, eines für jedes Kind will sie fertigstellen, bevor sie stirbt. Betty reicht ihrem Sohn den Stift. »Schreib für mich …«, sagt sie; sie selbst ist nie zur Schule gegangen. »Schreib: Meine liebe Patricia …«

George schreibt, in sauberer, ordentlicher Schrift.

»Ich möchte dir helfen, darum erkläre ich dir jetzt, wie man die Gerichte kocht, die wir immer essen.«

Lucy hört neugierig zu, wie ihre Mutter erklärt, wie man *Matoke* und *Posho* zubereitet und wie Ziegenfleisch besonders zart wird. Den Daumen im Mund, den Kopf zur Seite geneigt sieht sie zu, wie ihr Bruder mitschreibt.

Betty denkt nach. Alles, was sie weiß, hat sie von ihrer Mutter und ihren Großmüttern gelernt, und sie möchte dieses Wissen an ihre Töchter weitergeben und nichts vergessen. »Wenn du *Matoke* zubereitest, Patricia, beginnst du damit, die Kochbananen zu schälen.«

Patricia hört schweigend zu. Ab und zu, wenn sie etwas nicht versteht, fragt sie, und Betty bittet George, auch diese Details ins Memory Book zu schreiben. Manchmal stellt Betty sich vor, wie ihre Kinder nach ihrem Tod in den Erinnerungsbüchern lesen werden; sie sollen Rat darin finden, nützliches Wissen für ihr Leben, und immer das Gefühl haben, ihre Mutter spräche zu ihnen.

Als George die Rezepte notiert hat, bittet Betty ihren Sohn, noch die Seite mit der Überschrift *Meine Wünsche für deine Zukunft* aufzuschlagen. »Bitte schreib: Gott möge dich schützen, meine Tochter. Ich hoffe, du verlierst nie den Mut und schaust vorwärts. Dann kannst du auch anderen helfen, die in Not sind – und das sollten wir immer tun.«

Dabei streicht Betty Patricia über den Kopf. Sie lächelt; doch ihr Blick ist nach innen gewandt. Seit sie gemeinsam Memory Books schreiben, sitzen sie oft beieinander, sie reden, und Betty hört zu, was ihre Kinder erzählen. Dazu hatte sie, als ihr Mann noch lebte, wenig Zeit. Die älteren Kinder sagen, Betty habe sich verändert. Sie selbst fühlt sich ihren Kindern heute näher und ist dankbar für all die Liebe.

Nach und nach kommen die Nachbarsfrauen aus dem Küchenhaus zurück auf den Platz zwischen den Rundhütten. Viele haben ebenfalls ihre Memory Books mitgebracht und sitzen mit ihren Kindern in der Dämmerung und schreiben Erinnerungen und Wünsche für die Zukunft nieder. Eine Frau schreibt: *Mein Kind, folge dem, was ich dir hier sage. Denn alles, was ich dir zu geben habe, hinterlasse ich dir in diesem Buch*. Hinter ihr geht wie ein Feuerball an einem lila Abendhimmel die Sonne unter.

Als das letzte Licht des Tages verschwunden ist, schließen die Frauen ihre Memory Books und beginnen zu tanzen. Die Männer trommeln, die Frauen singen, einige trillern, schlagen ihre Zungen gegen den Gaumen, so schnell, dass sie vibrieren und kraftvolle, durchdringende Laute hervorbringen. Alle stampfen auf der Erde, Staub wirbelt auf, sie klatschen und wiegen ihre Körper. Trommeln dröhnen, bunte *Gomesis* schimmern, Haut glänzt, Augen blitzen. Eine Frau reißt die Arme hoch, trillert durchdringend und inbrünstig, die anderen stimmen ein – alle überlassen sich der Musik und scheinen dabei vor Lebenslust zu bersten.

Im blauen Licht des Abends sitzt Miriam mit Victoria, ihrem Sohn David und ihrer Tochter Priscilla unter dem Mangobaum. Am Horizont erstreckt sich schwarz und nebelverhangen eine Hügelkette. Die Luft flirrt, Vögel flattern nervös mit den Flügeln. Miriam schlägt nach einer Mücke. Eine seltsame Spannung scheint über allem zu liegen. Nur Victoria, die auf einer Decke liegt, ihre Füße in die Luft reckt und mit ihren Zehen spielt, quiekt vergnügt und selbstvergessen.

Miriam streicht David über den Kopf. Seit sein Vater gestorben ist, ist der Junge unbeherrscht und jähzornig. Er streitet mit seiner Schwester und den anderen Kindern, provoziert sie, beschimpft wütend ihre Väter; dann wieder kauert er im Schatten vor dem Haus und traut sich nicht, mit anderen Kindern zu spielen. Priscilla ist noch zu jung, um zu verstehen; jeden Abend fragt sie: »Wann kommt Daddy?«

Weil Miriam stets die Worte im Hals stecken bleiben, antwortet sie nur: »Bald.«

In der Ferne erklingen Trommeln, und die ersten Zikaden stimmen sich ein aufs nächtliche Konzert. Miriam zieht David und Priscilla zu sich. Die Kinder schmiegen sich an ihre Mutter. Miriam schlägt nach einer Mücke, die auf Priscillas Arm landet. Ein Büffel taucht aus der Dämmerung auf, hebt den Kopf, lauscht, seine gebogenen Hörner zeichnen sich dunkel vor dem Abendhimmel ab, wie gemeißelt steht er dort.

Miriam sucht nach Worten. »Meine Kinder, ich muss euch etwas sagen«, fängt sie an. Ihre Stimme klingt dünn. David und Priscilla schauen auf. Miriam spürt, wie die Worte in ihrem Hals stecken wie Hühnerknochen, spitz, scharf, gefährlich. Dann spuckt Miriam sie aus. »Ich bin krank.«

Der Büffel senkt den Kopf. Victoria umklammert ihren großen Zeh und kräht vor Freude.

»Ich habe eine gefährliche Krankheit.« Miriam erschrickt, das Wort »gefährlich« möchte sie sofort zurücknehmen.

David schaut sie verdutzt an: »Aber du bist doch gesund.«

Miriam nickt. »Man kann die Krankheit nicht sehen. Sie ist tief im Körper verborgen.«

»Sitzt ein Geist in dir – so wie bei der Tante?«

»Nein, David. Deine Tante hatte Würmer, und der Heiler hat sie kuriert. Ich habe eine andere Krankheit.«

David sieht seine Mutter ratlos an. Miriam zerreißt es das Herz. Sie beugt sich vor und schließt ihren Sohn in die Arme. Priscilla steigt über ihre Beine, wirft sich auf ihren Bruder, und Miriam schließt sie in ihre Umarmung ein. Sie spürt, dass ihr Tränen über die Wangen laufen, doch sie will nicht, dass die Kinder sie weinen sehen. Sie summt ein Lied und wiegt David und Priscilla im Arm. Victoria schaut neugierig zu.

Plötzlich reißt David sich los. »Musst du sterben wie Daddy?«, schreit er.

Wieder schießen Miriam Tränen in die Augen. Sie schüttelt den Kopf.

»Wirklich nicht?«

Miriam schluckt. »Nein, mein Junge.« Sie wischt sich mit der Hand über die Wangen. Sie schluckt noch einmal und sagt mit fester Stimme. »Ich verspreche euch, meine Kinder, ich werde noch lange leben.«

David steht da, und Miriam sieht, dass er nicht weiß, ob er ihr glauben soll. »Komm her.«

David schüttelt den Kopf. Priscilla hebt eine Blüte vom Boden auf, bettet sie vorsichtig in ihre Handfläche und reicht sie Miriam. »Ein Geschenk für dich, Mummy.«

Ein leiser Schrei entfährt Miriam, wie das Geräusch eines verwundeten Tieres. Sie beißt sich auf die Lippe.

In diesem Moment beschließt Miriam, ein Memory Book zu schreiben.

Am Äquator-Himmel funkeln die Sterne wie sonst nirgendwo auf der Welt, als Miriam und ihre Kinder schlafen gehen.

Zehn

Der Geruch von brennendem Holz war eine meiner ältesten und innigsten Erinnerungen an den afrikanischen Kontinent. Sobald ich den würzigen Geruch eines offenen Feuers wahrnahm, fühlte ich, dass ich wieder angekommen war an diesem Ort, an den es mich wie magisch zog.

Wir verließen eben den Flughafen Entebbe, da roch es nach Holzfeuer. Willkommen in Afrika, dachte ich, sog den Duft ein und schloss einen Moment die Augen.

Zum zweiten Mal war ich nun für das Filmprojekt in Uganda. In wenigen Wochen würden die Dreharbeiten beginnen, und ich wollte vorab Drehorte besichtigen, Kontakte knüpfen, Interviewtermine vereinbaren und natürlich Mütter und Waisenkinder mit Memory Books finden. Jede Verzögerung während der Dreharbeiten würde viel Geld kosten; unser Budget war trotz Koproduzenten und Filmfördermitteln knapp. Franz Hirner, der Herstellungsleiter, begleitete mich, er sollte Hotels für das Team buchen, ein Auto für unsere Ausrüstung mieten, Fahrer und Übersetzer engagieren.

Über *Terre des Hommes* hatte ich erneut Kontakt

mit *Nacwola* aufgenommen, und diesmal begegnete man mir freundlich und aufgeschlossen. Annet, die Chefin des *Nacwola*-Büros in Kampala, und Sandra nahmen mich ins Schlepptau. *Nacwola* unterhält ein Netz von Beratungsstellen in Uganda, und wir besuchten verschiedene Einrichtungen. Ich wandte mich auch an andere Selbsthilfegruppen, die HIV-positive Mütter und Waisenkinder betreuen. Plötzlich lernte ich sehr viele Mütter kennen, die Memory Books geschrieben hatten. Doch nun war ich es, die zögerte.

Eine Frau wohnte mit ihren Kindern in einem geräumigen, gerade erst fertiggestellten Ziegelhaus mit Garten und Spitzengardinen vor den Fenstern. Alles blinkte und blitzte. Die Wände des Hauses waren verputzt – etwas, was man in Afrika sehr selten sieht. Neben der Tür prangte ein Messingschild; darauf stand, dass dieses Haus von einer international tätigen Hilfsorganisation, für die die Mutter arbeitete, erbaut worden war. Da die meisten Menschen, vor allem, wenn sie an Aids erkrankt waren, unter weit weniger luxuriösen Umständen lebten, konnte ich diese Mutter kaum zu einer der Protagonistinnen meines Films machen.

Eine andere Frau lebte in einer Hütte, war sehr sympathisch, klug und gewinnend, doch schon über fünfzig, ihre Kinder waren, bis auf eine Tochter, erwachsen und aus dem Haus. Ich suchte jedoch eine junge Frau mit kleinen Kindern, die kaum allein zurechtkommen würden, wenn ihre Mutter starb.

Wieder eine andere war jung, hatte fünf kleine Kinder und nicht mehr lange zu leben. Doch sie hatte schlechte Zähne und sprach zögerlich, war offensichtlich gehemmt. Wie sollte ich mit ihr ein Interview führen, noch dazu über zutiefst persönliche Dinge?

Eine Frau war jung, kinderreich und klug, sie plauderte angeregt mit mir und den *Nacwola*-Mitarbeiterinnen. Als ich sie am nächsten Tag allein zu Haus besuchte, saß sie in einem zerplatzten Sessel und gab sich wortkarg und unfreundlich, gähnte. Das Zimmer war sehr schmutzig – ganz anders als in den vielen anderen Häusern und Hütten, in die ich sonst kam.

Eine Mutter war jung, kinderreich, sympathisch und wortgewandt. Und sie war bildhübsch. Im Gegensatz zu den meisten Frauen in Uganda trug sie eine ausgeschnittene Bluse, enge Jeans und lange Haare. Ich fragte den Kameramann, der für einige Tage dazugestoßen war: Ist sie vielleicht *zu* schön? Die Zuschauer sollten sich mit den kranken Müttern identifizieren können; ich wollte nicht, dass Frauen in ihnen Konkurrentinnen und Männer sie überwiegend als Objekte der Begierde sahen.

Solche Überlegungen mögen auf Außenstehende seltsam wirken, vielleicht zynisch; schließlich teilen alle Frauen das gleiche Schicksal, sie sind todkrank und werden sterben und ihre Kinder zurücklassen. Doch im Film spielen auch optische Aspekte eine große Rolle, also mussten meine Protagonistinnen bestimmte Kriterien erfüllen.

So fuhren wir Tag für Tag durchs Land, unendliche Strecken auf staubigen, heißen Sandpisten.

Kurz nach meiner Ankunft hatte ich Christine in der Klinik angerufen. Sie freute sich von mir zu hören; von

Deutschland aus hatte ich ihr ab und zu eine E-Mail geschrieben. Wir verabredeten, uns so bald wie möglich zu treffen.

An einem Morgen, an dem Christine frei hatte, fuhren wir nach Pallisa. Dort, erzählte sie, hatte *Nacwola* mit dem Memory-Book-Projekt begonnen. In Pallisa und Umgebung lebten inzwischen viele HIV-positive Mütter, die ein oder mehrere Erinnerungsbücher geschrieben hatten. Dort sollten wir leicht eine Interviewpartnerin finden.

Die Fahrt war mühsam. In der Nacht zuvor hatte es geregnet, und unser Jeep kämpfte sich durch aufgeweichte Straßen voller Matsch und Pfützen. Als wir schließlich das örtliche *Nacwola*-Büro fanden, war niemand dort. Einen Moment fühlte ich mich an die Erfahrungen während meiner ersten Reise erinnert, als die *Nacwola*-Mitarbeiterinnen mir schroff und ablehnend begegnet waren.

Ein paar Tage später machte ich mich noch einmal auf den Weg, diesmal in Begleitung von Sandra. Sie gab dem Fahrer Anweisungen, und wir erreichten schließlich ein entlegenes Dorf, wobei selbst Dorf noch ein zu großes Wort ist, eher war es eine zufällige Ansammlung von traditionellen Rundhütten. Mein Herz klopfte, weil ich an die Bilder dachte, die wir in dieser idyllischen Gegend drehen könnten.

Auf dem Platz zwischen den Rundhütten erwartete uns eine Gruppe Frauen. Alle waren hochgewachsen und trugen traditionelle *Gomesis* und bunte Kopftücher. Ihre dunklen, ungemein ausdrucksvollen Gesichter, ihre Blicke, in denen Schmerz und zugleich eine tiefe Kraft lagen, beeindruckten mich. Sie hatten ihre Memory Books mitgebracht und zeigten sie mir bereitwillig. Sie führten mich in ihre Hütten, stellten mir ihre Kinder vor. Alles, was diese Frauen taten, taten sie mit einer schlichten, selbstverständlichen Würde, die mich immer wieder vergessen ließ, dass sie arm und todkrank waren.

Eine der Frauen beeindruckte mich besonders. Vielleicht war es ihr Schicksal, die Tatsache, dass sie nicht nur ihren Mann, sondern auch zwei Kinder an Aids hatte sterben sehen. Vielleicht war es ihr weiches Lächeln, vielleicht die Güte und Wärme, mit der sie sich ihrer kleinen Tochter Lucy zuwandte. Betty war die Mutter, die ich mir für den Film wünschte. Und es kam mir in den Sinn, dass man sich als Kind genau so eine Mutter wünscht. Ich fragte, ob sie bereit sei, sich filmen zu lassen und in meinem Buch vorzukommen. Betty lächelte, nahm meine Hand und drückte sie. Sie war einverstanden.

Und schließlich traf ich auch noch Harriet.

Gegen Ende meines Aufenthaltes erinnerte ich mich, dass ich während meiner ersten Reise einer Frau begegnet war, die mich interessiert hatte. Gesprochen hatte ich kaum mit ihr, ich war bei einer anderen Frau zu Besuch, die, wie sich herausstellte, jedoch zu alt war, um als Protagonistin in Frage zu kommen. Jene andere Frau hatte etwas abseits gesessen und Kochbananen geschält. Ich wusste nicht, warum ich mich plötzlich an sie erinnerte; doch ich wusste, dass ich sie wiedersehen wollte.

Annet und Sandra hörten sich um und erfuhren, dass die Frau Harriet hieß und ganz in der Nähe wohnte, in Wakiso, am Stadtrand von Kampala.

Als unser Auto vor dem Ziegelhaus vorfuhr, sahen die Kinder, die eben noch davor gespielt hatten, neugierig auf. Eine Frau, die Wäsche wusch, hielt inne und musterte mich. Ich stieg aus und vertrat mir die Beine. Im selben Moment liefen die Kinder wie auf ein geheimes Zeichen hin los, kleine und größere scharten sich um mich, streckten mir ihre Hände entgegen, lachten und riefen: »*Mzungu! Mzungu!*«

Vincent, unser Übersetzer, sagte etwas auf Luganda. Wieder riefen die Kinder: »*Mzungu! Mzungu!*«

Es waren nur ein paar Schritte bis zu ihrem Haus. Harriet stand im Türrahmen und erwartete uns. Sie trug ein grünes T-Shirt, einen blauen Rock und himmelblau leuchtende Gummisandalen, die ihr zu groß waren. Sie wirkte zurückhaltend. Zwei Mädchen standen neben ihr, eins war schlaksig und trug ein getupftes Kleid.

»Guten Tag.« Ich streckte Harriet die Hand entgegen. »Wie geht es Ihnen?«

»Guten Tag«, antwortete sie. Ihr Händedruck war weich und ein wenig kraftlos. »Es geht mir gut.«

»Ich hoffe, der Familie geht es auch gut?« Ich brachte meine gesammelten Kenntnisse ugandischer Begrüßungsformeln zur Anwendung. Ich wollte einen guten Eindruck machen und sehr höflich sein.

»Danke, meinen Kindern geht es auch gut.« Harriet erkundigte sich ihrerseits nach meinem Befinden; dann bat sie mich in ihr Haus.

Unsere Schritte hallten zwischen den nackten Wänden. In dem größeren Raum stand ein niedriger Tisch mit zwei Stühlen. In einer Ecke lehnten zwei zusammengerollte Bastmatten an der Wand, in einem Regal stand ein Fernsehapparat, vor dem Fenster hing eine Spitzengardine. Hinter einem Vorhang erkannte ich zwei Betten, auf denen Kleidungsstücke verstreut lagen. Ein Junge, ich schätzte ihn auf siebzehn oder achtzehn Jahre, erhob sich, reichte mir die Hand und bat mich, Platz zu nehmen. Harriet schickte ihn hinaus, um Wasser zu holen, und das ältere der beiden Mädchen ging und kam kurz darauf mit heißem Tee zurück. Harriet setzte sich auf eine Bank an der Wand. Die Kinder hielten respektvoll Abstand und hörten zu.

Ich lächelte und rührte in meinem Tee. Ich sagte, dass wir uns schon einmal begegnet waren, fragte, ob sie sich erinnere. Harriet dachte nach und schüttelte den Kopf in einer Weise, die sowohl ja als auch nein bedeuten konnte. Sie wirkte schüchterner, als ich sie in Erinnerung hatte. Ich sprach eine Weile über die Memory Books, von denen ich gehört hätte und die mich sehr beeindruckten. Ich sagte, dass ich einen Film darüber machen wollte.

Harriet nickte, schwieg und hörte zu.

Die *Nacwola*-Mitarbeiterinnen hatten meinen Besuch angekündigt, und ich konnte davon ausgehen, dass sie Harriet ermuntert hatten, mit mir zu reden.

Doch Harriet sagte nicht viel. Sie trank ihren Tee und schwieg.

Ich beschloss, freundlich, aber direkt zur Sache zu kommen. »Ich möchte ein Buch schreiben und einen Film machen, die, anders als üblich, zeigen, dass Afrika nicht nur im Elend versinkt. Natürlich ist Aids eine fürchterliche Krankheit und hat dramatische Konsequenzen, aber die Menschen in Uganda reagieren sehr mutig auf diese Herausforderung, und das beeindruckt mich. Vor allem die Memory Books machen Hoffnung. Das würde ich der Welt gern zeigen.«

Ich trank einen Schluck Tee, dann fuhr ich fort: »Ich möchte erfahren, warum Sie Memory Books schreiben, welche Erfahrungen Sie gemacht haben, was Sie denken. Und wenn der Film fertig ist, schicke ich Ihnen eine Videokassette. Sie können den Film Ihren Kindern zeigen. Ein Film – das ist auch etwas, das bleibt. Ein Vermächtnis.«

Ich lehnte mich zurück und wartete ab.

Harriet pulte an einem Hautfetzen an ihrem Fingernagel. »Okay«, sagte sie. Und lehnte sich ebenfalls zurück und setzte ein fragendes Gesicht auf. Ich wusste, was dieser Gesichtsausdruck zu bedeuten hatte.

»Ich werde dafür bezahlen.«

Harriet lächelte.

Dann stand sie auf, rief ihren Töchtern etwas zu, ging zu einem schmalen Schrank und zog ein Heft heraus. Sie breitete das Memory Book auf dem Tisch aus und sagte: »Das schreibe ich gerade für Winnie.«

Das jüngere der beiden Mädchen nickte und lächelte.

»Für Patrick habe ich auch schon eins geschrieben.« Harriets Sohn verschwand hinter dem Vorhang und kam gleich darauf mit einem Heft in der Hand zurück.

Eine Weile blätterten wir durch die Seiten. Winnie zeigte Fotos und Bilder, die sie gemalt hatte, Patrick las aus seinem Erinnerungsbuch vor. Je länger wir beisammen saßen, desto gesprächiger wurde Harriet. Plötzlich schien sie sich über mein Interesse an ihrer Person zu freuen. Sie erzählte, dass sie anfangs nicht recht gewusst habe, was sie in ein Memory Book hineinschreiben sollte; nachdem sie aber einmal angefangen hatte, hatte sie kaum ein Ende finden können. Sie erzählte, dass sie Details bei Verwandten erfragen musste, beispielsweise weil Geburtsdaten in Uganda nicht immer gut dokumentiert würden. »Es war spannend, lehrreich und sehr bereichernd«, sagte sie und schob ihre leere Tasse über den Tisch. Sie fragte, ob ich bei meinem nächsten Besuch einen Fotoapparat mitbringen könnte, sie würde gern mehr Fotos von sich und ihren Kindern in die Memory Books kleben.

Ich nickte und war glücklich. Nach Christine und Betty hatte ich in Harriet endlich meine dritte Protagonistin gefunden.

Als wir uns verabschiedeten, war Harriets Händedruck weich und kräftig.

»Ich freue mich, dass Sie an dem Film mitwirken«, sagte ich.

»Warum gerade ich?«

Ich überlegte einen Moment. Dann sagte ich: »Vielleicht ist es Zufall. Oder Schicksal?«

Harriet lächelte. Und wenn ich mich nicht irrte, war sie sogar stolz.

Eines Abends verließ ich das Hotel und machte einen Spaziergang.

Wahllos lief ich eine Straße entlang, vorbei an Geschäften, die immer noch geöffnet hatten, bog in eine kleinere Straße, die den Hügel hinaufführte und in der sich ein Lehmziegelhaus ans andere reihte. Ich lief, bis ich neben einer Laterne einen Mauervorsprung entdeckte, von dem aus sich mir ein wunderbarer Blick über die Stadt bot. Ich setzte mich. Zu meinen Füßen, sanft ins Tal geschmiegt, lag Kampala, unter einem königsblauen Himmel. Die Fassaden der Häuser leuchteten weiß in der Dämmerung, hier und da glommen bereits Lichter. Ich sah einen Scheinwerfer, der den Garten einer umzäunten Villa erleuchtete, erkannte die orangefarbene Leuchtreklame einer Tankstelle. Überall erhoben sich Hochhäuser; die Skyline einer modernen Metropole. Ich suchte nach den Umrissen des Sanatan-Dharm-Mandir-Tempels, doch ich konnte sie nicht entdecken.

1971 war ich schon einmal in Uganda gewesen. Mit meinem damaligen Freund, der später mein Mann werden sollte, reiste ich durch Kenia und Tansania, fuhr an den Ufern des Victoriasees entlang und schließlich über die Grenze nach Uganda. In Kenia kamen wir eines Abends in Kisumo an, nahmen unsere Rucksäcke, suchten ein billiges Hotel und aßen vor dem Schlafengehen Kima, ein Hackfleischgericht mit Gemüse und

Reis; das Fleisch war nicht gut, und wir verbrachten eine unruhige Nacht auf einer improvisierten Toilette. Wir durchquerten die Serengeti, sahen Giraffen, Gazellen, Zebras, Weißbartgnus und aßen den ganzen Tag Bananen. Wir fuhren in den Murchison-Nationalpark, wo ich zum ersten Mal Leberwurstbäume sah. Wir machten eine Bootsfahrt auf dem Nil, am Ufer sonnten sich riesige Krokodile, ab und zu tauchte ein Nilpferd auf. Wir reisten in den Norden Ugandas, eine Gegend, in die heute niemand mehr fährt, weil Rebellen der sogenannten *Widerstandsarmee des Herrn* dort seit über 20 Jahren einen erbitterten Bürgerkrieg führen, die Bevölkerung terrorisieren und Kinder entführen und als Soldaten rekrutieren. Wir fuhren in die Hauptstadt Kampala und quartierten uns auf dem Campus der Makerere-Universität, einer der renommiertesten Universitäten Ostafrikas, ein, wo man Zimmer an ausländische Gäste vermietete. Wir streiften durch die Altstadt, besuchten den Sanatan-Dharm-Mandir-Tempel, besichtigten die Gräber der Könige des alten Königreichs Buganda, die römisch-katholische Rubaga-Kathedrale, die anglikanische Namirembe-Kathedrale. Uganda schien, bei aller landschaftlichen Schönheit, ärmer und düsterer als die Länder, in denen wir vorher gewesen waren, und die Menschen wirkten verschlossener, zurückhaltender als die Kenianer und Tansanier. Es war, als läge eine Spannung über allem.

Wenige Wochen später putschte sich Idi Amin an die Macht, ein ranghoher Militär von bulliger Statur, mit ausgeprägtem Hang zu Brutalität. Ganze Dörfer machte er dem Erdboden gleich; zwischen 100 000 und 500 000 Menschen verloren unter seiner Herrschaft ihr Leben, schätzen Menschenrechtsorganisationen. Idi Amin wurde zum Sinnbild des afrikanischen Despoten, und es sollte acht Jahre dauern, bis sich Uganda von ihm befreien konnte.

Heute, ein Vierteljahrhundert später, ist Uganda eine Demokratie und die größte Bedrohung für die Ugander ein Virus, so klein, dass man es mit bloßem Auge nicht einmal erkennen kann. Doch sein zerstörerisches Potenzial hat es längst entfaltet.

Es ist auch die Mystik, die mich an Afrika fasziniert.

In Afrika ist der Mensch traditionell Teil einer Gemeinschaft; Individualität ist, anders als im Westen, kein Wert an sich. Die Menschen sind unbefangener, zugänglicher, kommunikationsfreudiger, schreibt Bartholomäus Grill, der lange Jahre in den verschiedenen afrikanischen Ländern unterwegs war. Im afrikanischen Miteinander, der Kraft der Gemeinschaft, liegt für ihn eine kollektive Wucht und Vitalität, für die wir Europäer keine Worte haben.

Dabei fühlen sich Afrikaner nicht nur denen verbunden, mit denen sie ihr Leben teilen. Sie leben in spiritueller Verbundenheit mit der Vergangenheit und der Zukunft, mit ihren Ahnen und ihren Nachkommen. Sie leben in einer Welt, in der Geister, Zauber, rätselhafte Zeichen und geheime Überlieferungen, Tabus und Verwünschungen wirken. In sogenannten Ritualen und durch religiöse Bräuche, bei Initiationen und Heilungszeremonien treten Afrikaner mit ihren Göttern, Geistern und Ahnen in Kontakt. Die Ahnen sind, anders als das Wort uns Europäer vermuten lässt, keine toten Seelen, sondern mächtige Wesen, die ständig in den Alltag hineinwirken; die Furcht vor ihrem Groll ist groß, darum ist es wichtig, sie zu beschwichtigen, zu verehren, sie gewogen zu stimmen, ihnen Opfer zu bringen.

Das Leben in der Gemeinschaft endet nicht mit dem Tod. In Schwarzafrika glauben die Menschen an die Erneuerung des Lebens, schreibt der kongolesische Philosoph Espérance-François Ngayibata Bulayumi. Die Menschen wissen, woher ihr Leben kommt und wohin es, eingebettet in einen Lebensstrom, fließt, so der senegalesische Dichter Léopold Sédar Senghor. Der Einzelne ist verpflichtet, Leben weiterzugeben; Kinderlosigkeit ist eine Tragödie. Leben erneuert sich, nicht in dem Sinne, dass jemand nach seinem Tod wiedergeboren wird, sondern dass es sich innerhalb seiner Familie fortsetzt, in seinen Kindern und Kindeskindern. Auch sie sind dabei ständig und unsichtbar mit ihren Ahnen verbunden.

Der afrikanische Glaube an die Allgegenwärtigkeit der Ahnen und die ständige Verbundenheit mit ihnen hat, finde ich, etwas sehr Tröstliches.

Während das Radio lief und Vivian draußen Wäsche von der Leine nahm, packte Christine für die Reise. Übers Wochenende würde sie mit ihrer Tochter zu ihrer Familie fahren, die im Osten Ugandas lebte, nahe der Grenze zu Kenia. Sie hatte mich eingeladen, sie zu begleiten.

Ich saß auf dem Sofa ihres kleinen Hauses am Rande des Klinikgeländes zwischen weißen Häkeldeckchen und Kissen, in der Hand einen Becher Tee, und sah beim Packen zu.

»Der Ort heißt Mbale und liegt am Fuß des Mount Elgon«, sagte Christine. »Warst du schon einmal dort?« Sie sprach wieder mit dieser ruhigen Stimme, die mich schon bei unserer ersten Begegnung in den Bann geschlagen hatte.

»Nein«, antwortete ich. »Aber ich würde gern hinfahren und bei einer der Initiationen, die alle zwei Jahre dort stattfinden, drehen. Mich interessieren diese alten afrikanischen Traditionen und Riten.«

In dem Moment kam Vivian herein. Ich hatte das Mädchen bislang nur auf Fotos gesehen, da sie ein Internat besuchte und nur an den Wochenenden bei ihrer Mutter wohnte. Sie war nicht mehr das schmale, lächelnde Mädchen, das ich von den Aufnahmen im Memory Book kannte. Sie war fast eine junge Frau, 16 Jahre alt, und hatte den kräftigen Körperbau und das ovale Gesicht ihrer Mutter. Ihr Haar war kurz geschoren, ihr Kopf wirkte beinahe kahl. Vivian hatte ein hübsches Gesicht, doch lag darin ein Ernst, der mir unangemessen schien für so ein junges Mädchen. Sie reichte ihrer Mutter die Wäsche.

»Hast du alles?«, fragte Christine.

Vivian nickte. Christine packte Bananen, Erdnüsse und eine Flasche Wasser in eine Plastiktüte und reichte sie mir. Ich nahm die Tüte, und wir gingen zum Auto.

Wir fuhren durch üppige Teeplantagen, Zuckerrohrfelder und dichte Wälder. Sträucher und Bäume mit exotischen Blüten säumten den Straßenrand, am Himmel türmten sich sahneweiße Schönwetterwolken. Wir überquerten den Nil und passierten bizarre Feldformationen. Ich sah aus dem Fenster und freute mich über diese pralle, prachtvolle Natur. Im Geist notierte ich Einstellungen für die Kamera, machte Notizen für mein Buch.

Als wir nach Mbale hineinfuhren, überraschte mich, wie leer die Straßen waren. Ein paar Autos, Fahrräder, Fußgänger auf gepflasterten Bürgersteigen – nichts erinnerte an das hektische, lärmende Kampala. Zu beiden Seiten der Hauptstraße zogen sich Häuser hin, flache, helle Gebäude mit schmuckvollen Fassaden, deren von Säulen gestützte Vordächer lange Kolonnaden bildeten. Menschen gingen spazieren oder machten Einkäufe. Der Ort wirkte lebendig, dabei aber angenehm überschaubar und ruhig.

Wir folgten der Straße, ließen den Ort hinter uns und gelangten schließlich zu einer Handvoll Häuser, eingebettet in Felder und Wiesen. Kinder spielten im Sand. Frauen wuschen Wäsche, ein paar Männer standen um ein Fahrrad herum und diskutierten. Vor einem braunen Haus aus Lehm hielten wir an.

Eine junge Frau sprang von einem Schemel auf und winkte. Sie lief Christine entgegen, begrüßte sie überschwänglich. Sie rief etwas, was ich nicht verstand, doch im nächsten Moment erschien eine ältere Frau im Türrahmen, und dann kamen noch mehr Frauen und mehrere Mädchen und ein Dutzend Jungen verschiedenen Alters. Die Männer standen herum und sahen zu.

»Das ist Apollo«, sagte Christine, zog mich mit sich und stellte mich einem freundlichen Mann mit kurzem Haar und gutmütigen Augen vor. Er lachte übers ganze Gesicht, seine Zähne blitzten.

»Welcome«, sagte er. »How are you?«

»Apollo ist mein Schwager«, erklärte Christine. »Und das …« Sie drehte sich um und zupfte eine kleine Frau am Ärmel ihres braun gemusterten Kaftans. »Das ist Janet, Apollos Frau.«

Janet reichte mir die Hand. Sie hatte ein hübsches Gesicht und ein ebenso strahlendes Lachen wie ihr Mann. »Welcome!«

Ich drückte ihre ausgestreckte Hand.

Nacheinander stellte Christine mich ihrer Familie vor. Ich schüttelte Hände, grüßte, nannte meinen Namen und versuchte mir die Namen all der Mädchen und Jungen und Männer und Frauen zu merken, die mich willkommen hießen, doch verlor ich bald den Überblick. Apollo und Janet lebten mit ihren beiden kleinen Kindern, mehreren Tanten und deren Kindern, mit Christines älterer Tochter und der Zweitfrau ihres verstorbenen Mannes sowie deren vier Kindern zusammen. Außerdem hatten sie 23 Waisenkinder, deren Eltern an Aids gestorben waren, aufgenommen.

Einen Moment war ich nicht sicher, ob ich die Zahl richtig verstanden hatte. Ich fragte nach.

»Twentythree«, sagte Apollo und lachte. Ein etwa zehnjähriger Junge stand neben ihm und sah mich mit neugierigem, unverwandtem Blick an. Dann griff er nach meiner Hand und schüttelte sie.

Ich tauchte ein in den Trubel dieser Großfamilie.

Früher hatte Christine mit ihrem Mann, dessen zweiter Frau und allen gemeinsamen Kindern in dem braunen Lehmhaus gewohnt. Nach Stevens Tod und nachdem Christine fortgezogen war, um in der Klinik zu arbeiten, wurde Apollo das Familienoberhaupt. Apollo arbeitete bei einer Straßenbaufirma und beaufsichtigte Bauarbeiten. Janet arbeitete in einem Entwicklungshilfe-Projekt. Beide waren kluge, nachdenkliche, moderne Menschen, die zugleich in ihren afrikanischen Traditionen verwurzelt waren; Janet erzählte, dass Apollo drei Kühe als Brautpreis für sie bezahlt hatte.

Ich fragte, wie sie es schafften, zusätzlich zu ihren eigenen Kindern noch dreiundzwanzig Waisen aufzuziehen.

»Wir haben nicht viel Geld«, sagte Apollo. »Aber wir kommen zurecht.«

»Wir können die Kinder nicht sich selbst überlassen«, sagte Janet. Später zeigte sie mir die beiden Hütten, die zum Haus gehörten und in denen alle schliefen. »Wir teilen, was wir haben«, sagte sie, und dass sie an manchen Tagen nur eine Mahlzeit äßen.

Ich fragte, woher sie und ihr Mann die Zeit nähmen, sich um all die Kinder zu kümmern. Ich dachte daran, wie ich mich zeitweilig zwischen meiner Arbeit und meinen beiden Söhnen zerrissen hatte, dachte an Diskussionen, die in Deutschland über »Kinder oder Karriere?« geführt wurden.

»Es geht«, antwortete Janet schlicht.

Mir fiel auf, dass sie und Apollo manchmal von ihren »Kindern« und manchmal von ihren »biologischen Kindern« sprachen; doch schienen sie alle die gleiche Aufmerksamkeit und Zuwendung zu erfahren. Das Verantwortungsgefühl und der Gemeinsinn dieser Menschen beschämten mich beinahe.

Als es Abend wurde, kochten wir und aßen zusammen. Später saßen wir bei Kerzenlicht, denn Strom gab es nicht, vor dem Haus unter einem funkelnden Sternenhimmel. Wie schon oft staunte ich, wie vorbehaltlos und freundlich Afrikaner auf Fremde zugingen. Alle fragten, woher ich käme, warum ich hier sei, fragten nach meinen Kindern, meiner Familie. Sie fragten, ob Roland, der Kameramann, mein Sohn sei. Ich lachte; so alt war ich auch wieder nicht, doch gemessen an afrikanischen Maßstäben war es nicht ungewöhnlich, wenn eine achtundfünfzigjährige Frau Mutter eines vierzigjährigen Sohnes war. Ein Mädchen mit bunten Schleifen in ihren Zöpfen kletterte auf meinen Schoß. Ein älterer Junge fragte: »Seid ihr in Deutschland reich?«

»Seid ihr in Deutschland alle gesund?«, wollte ein anderer wissen.

Ich zögerte einen Moment. »Nein, in Deutschland sind auch viele Menschen krank. Aber es leiden weit weniger Menschen an Aids als in Uganda. Und reich sind nicht alle, nein. Es gibt viele Menschen, die keine

Arbeit haben und mit wenig Geld in einem teuren Land überleben müssen.«

»Wo sind deine Kinder?«, fragte das Mädchen auf meinem Schoß.

»Ich habe zwei Söhne, sie sind schon ausgezogen und leben in anderen Städten. Ich bin geschieden und wohne allein in einem Haus am Stadtrand.«

Das Mädchen sah mich bestürzt an. Auch alle anderen hatten aufrichtiges Mitleid.

»Du wohnst ganz allein?«, fragte ein Junge, und ein Mädchen fragte teilnahmsvoll: »Hast du auch keine Nachbarn?«

»Doch ich habe Nachbarn. Einige grüße ich, und sie grüßen mich.«

Ich sah in verwirrte Gesichter. Alle schwiegen. Das Mädchen auf meinem Schoß streichelte meinen Arm, als wolle es mich trösten.

Und plötzlich kam auch mir mein Leben sehr einsam vor.

Als es Zeit war, schlafen zu gehen, machte Janet mir ein Bett im Haus zurecht. Sie überließ mir ein Zimmer ganz für mich allein.

Ich lag noch eine Weile wach. Die Begegnung mit dieser Familie berührte mich. Man nahm mich, eine Fremde, ohne zu zögern auf, so, wie ich war, ließ mich dazugehören. Diese Erfahrung hatte ich in meinem Leben nicht allzu häufig gemacht. Doch verspürte ich eine tiefe Sehnsucht danach. Ich fühlte, wie gut mir dieses Erlebnis tat – wie Ruhe und ein Gefühl von Geborgenheit mich überkamen.

Am nächsten Morgen begleitete ich Christine zum Grab ihres Mannes, das hinter dem Haus am Rande eines Maisfeldes lag. »Wie denkst du darüber, dass er dich angesteckt hat?«, fragte ich, als wir wieder zum Haus zurückgingen.

»Anfangs war ich sehr wütend, und ich bin es noch, wenn ich sehe, wie unsere Gesellschaft sich verändert, wie Familien zerfallen, weil immer mehr Männer auf der Suche nach Arbeit in die Städte ziehen, sich dort infizieren und zu Hause ihre Familien anstecken. Trotzdem habe ich Steven eines Tages verziehen. Du kannst nicht den Rest deines Lebens in Wut leben, sie zerfrisst dich.«

Ich überlegte, ob ich meinem Mann auch verziehen hätte. »Woher hast du die Kraft genommen?«

»Gott gibt mir Kraft. Und meine Familie.« Christine hob eine Hibiskusblüte auf und betrachtete sie. »Wäre ich damals in der Depression verharrt, wäre ich ein Opfer geblieben. Doch ich will kein Opfer sein. Ich will aus meinem Leben mit den Möglichkeiten, die ich noch habe, das Beste machen.« Sie roch an der Blüte, sog ihren Duft ein. Dann sagte sie: »Wie lange ich noch lebe, hängt auch davon ab, wie glücklich ich bin. Auch das seelische Befinden beeinflusst das Immunsystem.«

An diesem Wochenende sah ich Christine, die ich bislang meist in ihrer rosa Schwesterntracht gesehen hatte, in einem kornblumenblauen *Gomesi*. Oft saß sie mit Vivian auf einer Bank, Vivians Memory Book auf den Knien; manchmal sah ich Vivian auch allein etwas abseits sitzen, still und in sich gekehrt lesend. *Bitte, meine Tochter, schau nach vorn. Liebe deine Schwestern und Brüder, und respektiere die Erwachsenen. Verliere nie deinen Glauben – Gott beschützt dich und wird immer für dich da sein.*

Ich sah, wie Christine sich auf ihre ruhige Art zwischen ihren Verwandten bewegte, wie sie Kinder tröstete, mit ihnen spielte, sie badete, wie sie lachte, kochte, Märchen erzählte. Ich sah, wie sie Stevens zweite Frau, die ebenfalls Christine hieß, herzlich umarmte. Ich fragte, wie das Verhältnis zwischen ihnen sei, und erzählte, dass die Menschen in Deutschland monogam lebten und die Tatsache, dass Männer mehrere Frauen heirateten, eher befremdlich fänden.

Christine lachte ihr herzliches, ansteckendes Lachen. »Es ist Teil unserer Kultur. Männer denken: ›Mein Großvater hatte drei Frauen, mein Vater zwei – warum soll ich nur eine haben?‹ Aber es gibt auch Partner, die sich gut damit arrangieren. Am Ende ist es eine sehr individuelle Sache.«

»Und Christine und du?«

» Christine und ich – wir halten zusammen und sorgen, so gut wir können, für unsere Kinder.«

»Hat er sie auch angesteckt?«

Christine nickte. Sie strich mit dem Finger über ihre weichen Lippen und sagte: »Christine wird auch Memory Books für ihre Kinder schreiben. Ich habe ihr erklärt, wie es funktioniert. Und warum es so wichtig ist.«

Später saß ich im Schatten einer Akazie. Das kleine Mädchen mit den bunten Schleifen in den Zöpfen kletterte wieder auf meinen Schoß. Neugierig sah sie zu, wie ich schrieb. Ich versuchte, die vielen Eindrücke und Bilder zu notieren, um nichts zu vergessen, was für den Film wichtig sein könnte. Ich konnte kaum erwarten, mit den Dreharbeiten zu beginnen.

Am Sonntag begleitete ich Christine und ihre Familie zum Gottesdienst, der in einem nahe gelegenen Lehmhaus stattfand. Stundenlang betete die kleine Gemeinde, las in der Bibel, sang inbrünstig zur Hammondorgel, trommelte und tanzte ausgelassen. Es war eine seltsame Mischung aus tiefem christlichem Glauben und nicht vergessenen afrikanischen Traditionen.

Es war, als gäbe es nur das Leben.

Elf

Harriet sitzt mit untergeschlagenen Beinen am Boden und betrachtet die Utensilien. Sie trägt ein rosa Kostüm, hat ein Tuch um ihre Schultern gelegt und ihr Haar mit einer Haarspange zurückgesteckt.

Niemand weiß, dass sie hier ist.

Der traditionelle Heiler trägt ein weißes Gewand mit einer Borte am Kragen, um seinen Hals hängt eine Kette mit kleinen braunen Perlen. Er hat ein Baumrindentuch um seinen Körper geschlungen, das über der rechten Schulter geknotet ist und bis hinunter zu den Knien reicht. Seine Stirn ziert ein Band aus Perlen und Muscheln. Neben ihm auf dem Boden liegt ein Handy.

Der Heiler sitzt da, mit geschlossenen Augen.

Harriet weiß, dass dieser Heiler die Gabe hat, zu sehen. Er hat sie von seinem Vater geerbt, von seinem Großvater, die ebenfalls magische Kräfte besaßen und ein großes Wissen um die Heilkraft der Kräuter, mit dem sie viele Krankheiten des Körpers, des Geistes und der Seele kurieren konnten. Heute wird dieses Wissen auch anders weitergegeben – in Kursen, in denen man lernen kann, welche Pflanzen wo zu finden sind, wofür beziehungsweise wogegen sie gut sind usw. So soll sichergestellt werden, dass dieses wichtige Element der afrikanischen Kultur nicht verloren geht. Harriet hat niemandem gesagt, dass sie ihn aufsuchen wird, schließlich ist sie eine gute Christin, die an Gott den Allmächtigen glaubt. Sie weiß, dass die Priester auf die alten Traditionen, auf Geister und andere Götter schimpfen.

»Ich freue mich, dich zu sehen«, sagt der Heiler. Seine Stimme klingt warm und weich.

»Danke, weiser Mann.«

»Was führt dich zu mir?«

Harriet zögert einen Moment, weiß nicht, wie sie es erklären soll. »Alles, was ich mache, geht schief«, sagt sie stockend.

Der Heiler schaut sie an. Harriet ist, als würde er in sie hineinsehen.

»Ich verliere mein Geld, weiser Mann. Ich gebe, aber ich bekomme nichts zurück.«

Der Heiler sitzt sehr aufrecht. Er wirkt entspannt und aufmerksam. »Wie heißt du?«, fragt er.

Harriet nennt ihren Namen.

»Was bedeutet dein afrikanischer Name?«

»Meine Großmutter hat ihn mir gegeben, und sie sagte, er bedeute: Was mir gehört, kommt zu mir zurück.«

Einen Moment schweigt der Heiler, als würde er über Harriets Worte nachdenken. Dann fragt er: »Wo wurdest du geboren?«

»In Lugala, im Busoga-Distrikt.«

»Wo sind eure Toten begraben?«

Harriet zählt die Grabstätten ihrer Verwandten auf.

»Ihr seid also nicht alle an eurem Geburtsort bestattet?«

Harriet schüttelt den Kopf und murmelt etwas von Streit, Problemen, Umzügen.

»Wie viele Kinder seid ihr?«

»Wir waren acht Kinder.«

»Alle von derselben Mutter?«

»Ja.«

»Und wie viele seid ihr jetzt?«

»Zwei meiner Brüder leben noch, eine meiner Schwestern und ich. Von uns vieren bin ich die Jüngste.«

»Lebt deine Mutter noch?«

Harriet nickt.

»Wie heißt sie?«

Harriet nennt ihren Namen.

»Dann bekomme ich zweitausend Schilling«, sagt der Heiler.

Harriet nimmt das Geld aus ihrer Handtasche und will es in eine der Schalen legen.

»Halt«, sagt der Heiler, »nicht so. Dreh die Scheine um. Und lass sie langsam in die Schale gleiten.«

Harriet tut, was der Heiler gesagt hat. Er reicht ihr ein Stück gefaltetes Baumrindentuch. »Nimm das, halte es in deinen Händen, und dann bete oder denke an das, was du wissen möchtest. Aber behalte es für dich, denk einfach nur daran.«

Harriet umfasst das weiche Baumrindentuch und schließt die Augen. Sie denkt an all das, was ihr in den vergangenen Wochen misslungen ist: das Geld, das sie verloren hat; die Salbe, die sie ihrer kranken Freundin besorgen wollte, aber nicht bezahlen konnte; den Streit mit Elisabeth.

Irgendwann öffnet Harriet die Augen wieder. Der Heiler zieht ein kreisrundes braunes Ziegenfell hervor und einen Beutel mit Muscheln, Münzen, Steinen und kleinen Knochen; mit leichter Handbewegung wirft er sie auf das Fell. Einige rollen bis an den Rand, der Großteil bleibt in der Mitte liegen. Harriet schaut auf die Ansammlung, betrachtet den schimmernden Perlmutt der Muscheln, den matten braunen Stein, das Glas mit den Lufteinschlüssen darin, das andere, runde, das blau leuchtet. Der Heiler lässt seinen Blick über das Fell schweifen. Sein Gesicht ist ernst und undurchdringlich. Er betrachtet die zufällige Anordnung und schweigt.

Eine Weile ist es ganz still in dem Schrein. Harriet ist, als spüre sie die Anwesenheit von etwas, das sie nicht benennen kann.

»Willst du die Wahrheit erfahren?«

»Kannst du sie denn sehen?«

Der Heiler schaut auf, sieht Harriet an. »Du glaubst mir nicht?«

»Doch«, beeilt Harriet sich zu sagen. »Bitte, weiser Mann, sag mir die Wahrheit, ja, ich möchte sie wissen.«

Der Heiler richtet sich auf, schiebt das Fell beiseite und richtet das Baumrindentuch in seinem Schoß. Die Haut auf seiner Stirn glänzt.

»Ich sehe Dinge, die sich entwickeln und deren Auswirkungen du bald spüren wirst. Du bist eine kluge

Person, doch diese Klugheit stammt von jemandem, der älter ist als du, jemand, der bereits gestorben ist. Da ist ein Geist. Und glaube mir oder nicht, da ist Geld. Du wirst bald Geld bekommen – ich kann es bereits sehen. Geld, für das du schon gearbeitet hast.«

»Für das ich schon gearbeitet habe?«, fragt Harriet.

Das Handy des Heilers klingelt.

Während er telefoniert, denkt Harriet über seine Worte nach. Die Aussicht auf Geld freut sie, doch ist an den Worten etwas Rätselhaftes, etwas, das sie sich nicht erklären kann.

»Montag?«, sagt der Heiler in den Hörer. »Ja, ich denke, Montag kann ich kommen. Besorg mir eine Fahrkarte, und ich komme. Wie bitte? Eine Segnung für das neue Büro? Ja, das kann ich machen … In Ordnung … Bis Montag.« Er beendet das Gespräch und wendet sich wieder Harriet zu. »Bete«, sagt er mit seiner warmen Stimme.

Harriet schließt die Augen, faltet die Hände und betet. Als sie die Augen wieder öffnet, sieht sie, wie der Heiler auf die Muscheln und Münzen und Steine und Knochen starrt. Sein Blick scheint die magischen Gegenstände zu durchdringen.

»Die Dinge werden sich zum Guten wenden.«

»Das siehst du?«, fragt Harriet, doch diesmal schwingt in ihrer Stimme nicht Skepsis, sondern verhaltene Freude. Sie spürt, dass etwas in ihr sich öffnet, dass sie bereit ist, dem Heiler zu vertrauen.

»Sag mir, wie es deinen Kindern geht. Sind sie gesund?«

»Meinem Sohn und meiner jüngste Tochter geht es gut. Meine ältere Tochter ist krank. Wir nehmen beide Medikamente.« Harriet nestelt am Saum ihres Tuches. »Aber ich hatte vier Kinder, eines ist gestorben«, fügt sie leise hinzu.

»Hast du alle deine Kinder auf HIV testen lassen?«

Harriet schüttelt den Kopf. »Nur Angela. Patrick und Winnie haben keine Beschwerden, und ich fürchte mich davor, sie ebenfalls testen zu lassen. So lange ihnen nichts fehlt, warte ich ab.«

Der Heiler nickt. Und richtet den Blick wieder auf die Muscheln und Münzen, Steine und Knochen.

»Du wirst zwei Grundstücke erben. Lass sie auf die Namen deiner Kinder übertragen.«

Harriet schluckt.

»Hast du mich verstanden?«

»Ja, ich soll die Grundstücke auf die Namen meiner Kinder eintragen lassen. Aber wer vererbt mir Grundstücke?«

Der Heiler geht nicht auf Harriets Frage ein, sondern blickt auf die Gegenstände auf dem Fell. Er fixiert eine Münze, das Glas mit den Lufteinschlüssen darin und das andere, runde, das blau leuchtet. Wieder ist Harriet, als könne sie die Stille im Schrein mit Händen greifen.

Dann richtet der Heiler sich auf. Plötzlich wirkt er erschöpft. »Wenn man dich um Geld bittet, gib es«, sagt er. »Wenn du hilfst, bist du gesegnet und wirst reich belohnt werden.« Er rafft das Baumrindentuch in seinem Schoß und erhebt sich.

Die Sitzung ist beendet.

Harriet steht ebenfalls auf, nimmt ihre Tasche, zieht ihr Tuch zurecht. Auch sie fühlt sich müde und erschöpft.

»Noch etwas, etwas sehr Wichtiges: Denke bei allem, was du planst und tust, immer daran, dass du noch viele Jahre leben kannst. Nimm dein Leben in die Hand. Plane jeden Tag. Dass du HIV-positiv bist, bedeutet nicht, dass du bald sterben musst.«

Harriet lächelt. »Genau das habe ich auch meiner Tochter gesagt. Und ich habe es meinen Kindern in ihre Memory Books geschrieben.«

»Du bist eine kluge und starke Frau.« Mit diesen Worten beendet der Heiler das Gespräch.

»Danke, weiser Mann«, antwortet Harriet. »Möge Gott uns schützen.«

Sie öffnet die Tür und tritt hinaus in die warme Sonne.

Sonnenstrahlen brechen durch die Blätter der Bananenstauden und Papayabäume. Vögel zwitschern, und bei jedem Schritt raschelt das Gras unter Bettys nackten Füßen. Im Schatten der Bäume holt sie aus und schlägt ihre Hacke in die Erde. Sie beugt sich vor und zerrt Unkraut und Wurzeln aus dem Boden. Auch Patricia, die Tante und drei ihrer Töchter arbeiten sich Stück für Stück voran, lockern die trockene Erde zwischen den Gräbern. Niemand spricht, nur das schleifende Geräusch der Hacken füllt die Luft.

Betty richtet sich auf. Ihr Rücken schmerzt. Sie ist dünner geworden; sie spürt es, ihr *Gomesi* fällt lockerer um ihren Körper. Am Anfang, erinnert sich Betty, als sie zum ersten Mal von dieser Krankheit hörte, nannten die Menschen sie, in einer Mischung aus Schrecken und bitterem Humor, *slim disease*, die Krankheit, die schlank macht. Seit Wochen gibt es in der staatlichen Klinik keine antiretroviralen Medikamente mehr, und Betty hat kein Geld, um sich in einer der privaten Apotheken Medizin zu kaufen.

Betty setzt sich auf den Rand der Grabplatte eines ihrer toten Kinder. Sie wischt einen Käfer beiseite. Mit der Hand streicht sie über die Gravur im Zement, wischt Samen und Sand aus den Rillen der Buchstaben. Es ist so lange her, doch noch immer spürt Betty einen tiefen Schmerz. Sie weiß, sie wird ihre Kinder eines Tages wiedersehen; doch um zu ihnen zu gelangen, muss sie ihre anderen, ihre lebenden Kinder verlassen. Betty fürchtet sich nicht vor dem Tod, sagt sie; doch sie fürchtet sich davor, ihre Kinder zurückzulassen, vor allem die kleine Lucy.

Eine Schar Entenküken flattert aus dem Unterholz und rennt quakend davon. Betty zerrt an einer Wurzel neben ihren Füßen. Sie steht auf, holt aus und schlägt die Kante ihrer Hacke in die Erde. Sie lockert den Boden und zieht die Hacke in gleichmäßigen Bewegungen durch die Schollen. Sie denkt an Lucy, die sie zu Hause in der Obhut ihrer Geschwister gelassen hat, denn sie ist noch zu klein, um beim Hacken zu helfen. Betty muss das Memory Book für Patricia fertigstellen und dann noch eines für Lucy – auch ihrer Jüngsten, gerade ihr, die noch so unschuldig ist, so unvorbereitet auf das, was kommen wird, muss Betty etwas mit auf den Weg geben, was Lucy in der Zukunft helfen wird und sie tröstet, wenn ihre Mutter nicht mehr bei ihr ist.

Betty fühlt das glatte Holz des Stiels in ihren Händen. Sie schlägt die Hacke in den Boden. Sie klaubt Steine auf, zieht an einem Büschel Unkraut, wirft es beiseite. Sie schreckt auf, als sie die Stimme der Tante hört.

»Hey!«, ruft die Tante und bedeutet ihrer Tochter, die herumsteht und einen Sonnenstrahl, der durch die Blätter fällt, über ihr Gesicht wandern lässt, weiterzuarbeiten. Gehorsam schlägt das Mädchen seine Hacke in den Boden.

Betty wischt sich mit dem Handrücken über die Stirn. Sie betrachtet die Mädchen. Patricia ist zehn, doppelt so alt wie Lucy. Ihre Brüder Anthony, Samuel, George und Andrew sind älter; Andrew ist vor Kurzem achtzehn geworden. Sie werden zurechtkommen, denkt Betty, die Brüder werden sich um ihre Schwestern kümmern. Sie hofft, dass sie sie auch weiter zur Schule schicken – sie wünscht sich, dass alle ihre Kinder einmal auf die Makerere-Universität gehen. Ein einziges Mal war Betty in Kampala, zur Hochzeit der Tochter einer Freundin, und damals hat sie von der Universität gehört. Kampala hatte sie erschreckt, die vielen Menschen, die Autos, der Lärm, die zahllosen Dinge, die es überall zu kaufen gab. Manche hätte Betty gern besessen, Kleider oder ein Paar Schuhe; sie hat noch nie ein Paar Stöckelschuhe besessen. Doch was sie am meisten beeindruckte, war die Universität. Betty verstand, dass ihren Kindern eine bessere Zukunft offenstand, wenn sie zur Universität gehen würden. Wenn sie gebildet waren, würde sie das auch davor bewahren, sich mit dem Virus zu infizieren.

Betty recht Laub zwischen den Grabplatten zusammen. Die Tante legt ihre Hacke beiseite und geht zum Grab ihres Mannes. Sie bekreuzigt sich und beginnt zu beten. Auch ihre Töchter versammeln sich um das Grab und beten für ihren Vater. Betty geht zu den Gräbern ihrer Kinder, faltet die Hände vor der Brust und senkt den Kopf.

Eine Weile stehen die Frauen und Mädchen, jede für sich, um die grauen Grabplatten herum, murmelnd ins Gebet versenkt.

Als sie schließlich ihre Hacken nehmen, liegt die Lichtung vollkommen im Schatten. Die Sonne versinkt glühend hinter den Feldern, als Betty, die Tante und ihre Töchter schweigend zu ihren Rundhütten zurückkehren.

Langsam schiebt sich die Schlange die Wand entlang, durch den Innenhof, vorbei an vergitterten Fenstern. Dutzende nackter Füße schlurfen über den steinernen Weg zur Essensausgabe. Die Sonne brennt senkrecht vom Himmel.

Drinnen im Raum ist es düster, es dauert einen Moment, bis Peters Augen sich an das wenige Licht gewöhnen. Ein langer Holztisch steht vor einer Wand. Ein Mann achtet darauf, dass jeder nur eine Portion nimmt. Peter greift nach einem Teller.

Er folgt den anderen Jungen zurück in den Schlafsaal – überquert den Hof, läuft den vergitterten Gang entlang, vor dessen Gittern zusätzlich Stacheldraht gespannt ist. Im Schlafsaal weicht er Füßen und Tellern der Jungen aus, die bereits am Boden neben ihren Betten kauern und essen. Er sucht sich einen Platz, nimmt mit seinen Fingern einen Batzen *Matoke*, lädt mit der anderen Hand ein paar Bohnen auf den Brei und schiebt beides in den Mund. Manche schmatzen, einige reden und lachen. Peter isst schweigend.

Ein Junge, der mit nacktem Oberkörper an seinem Bettpfosten lehnt, kaut mit offenem Mund und rülpst. Er ist achtzehn. Er hat mit einem Mädchen geschlafen, das weiß Peter. Das Mädchen war siebzehn, und sein Vater hat den Jungen wegen *defilement* angezeigt.

Viele sind wegen *defilement* im *Remand Home*.

Peter isst seine Bohnen, dann nimmt er den Teller und schlürft die Soße herunter. Die meisten anderen Jungen sind wegen Diebstahls hier. Einige haben getötet. Erst vor ein paar Tagen hat Peter gehört, wie Rose, eine der Sozialarbeiterinnen, mit einem Jungen gesprochen hat. Er saß auf seiner Matratze und hielt die ganze Zeit einen Fußball fest. Rose setzte sich zu ihm. Er wandte sich ab. Sie fragte, wie es ihm gehe. Er antwortete nicht. Rose berührte seinen Arm, der Junge schaute stumm zur Seite. Nur langsam begann er zu sprechen, leise, stockend. Doch weil Rose nicht aufgab, erzählte der Junge schließlich seine Geschichte. Er hatte mit einigen Nachbarsjungen Heuschrecken zum Essen gesammelt. Auf dem Heimweg wollte ihm einer der Nachbarsjungen die Heuschrecken, die er gefangen hatte, wegnehmen. Der Junge wehrte sich. Der andere schlug ihn. Der Junge lief fort, der andere holte ihn ein, trat ihn. Der Junge stürzte, rappelte sich aber wieder auf. Er warf ein Messer nach seinem Verfolger und rannte, ohne sich noch einmal umzusehen, weiter.

Der Nachbarsjunge war gestorben.

Peter hatte auf seinem Bett gelegen und zugehört. Der Junge tat ihm leid. Er war erst neun Jahre alt. Er wachte nachts auf, weil er Angst und Albträume hatte. Peter fragte sich, ob all das auch geschehen wäre, wenn die Eltern des Jungen noch leben würden. Denn wenn seine eigenen Eltern noch leben würden, wäre er auch nicht hier.

Nachdem erst sein Vater und kurze Zeit darauf seine Mutter gestorben war und ein Onkel ihn und seine Schwester aus dem Haus gejagt hatte, hatte Peter seine Schwester zu den Nachbarn gebracht und war fortgelaufen. Er lief, so weit er konnte, und wenn es dunkel wurde, legte er sich an den Straßenrand und schlief. Er aß, was er fand, und wenn er in einen Ort kam, suchte er im Müll nach Essbarem. Er war bereits einen Monat unterwegs, von Hoima im Norden nach Kampala, als er eines Tages auf einem Markt eine Frau sah, die Tomaten verkaufte. Peter starrte auf die Tomaten, sein Bauch schmerzte vor Hunger, und er war außerstande weiterzugehen. Die Frau gab ihm eine Tomate. Peter verschlang sie in Sekunden. Die Frau fragte, wie alt er sei, woher er komme, wo seine Eltern seien. Peter setzte sich neben sie in den Staub und begann zu weinen. Er sagte, er sei zwölf Jahre alt; dann versagte seine Stimme. Die Frau nahm ihn mit nach Hause, und eine Weile lebte er bei ihr und ihren neun Kindern. Die Frau merkte, dass Peter lernen wollte, er war klug und half ihren Kindern bei den Hausaufgaben. Doch sie hatte nicht einmal genug Geld, all ihre eigenen Kinder zur Schule zu schicken. Sie fragte in der Schule, ob Peter kostenlos am Unterricht teilnehmen könnte, doch die Lehrer wollten davon nichts hören. Schließlich schlug die Frau ihm vor, ihn in ein Waisenhaus zu bringen; dort könne er auch zur Schule gehen. Sie brachte ihn ins *Remand Home*. Peter ist froh, nicht mehr auf der Straße zu leben, und er mag Rose, die immer zuhört und ihn tröstet. Aber er versteht nicht, warum man ihn in ein Untersuchungsgefängnis gebracht hat, schließlich hat er nicht mit einem Mädchen geschlafen oder gestohlen. Oder jemanden umgebracht.

Peter nimmt seinen leeren Teller und geht zurück zur Essensausgabe. Vor ihm laufen zwei ältere Jungen, sie reißen Witze und lachen. Im Hof steht eine leere Bank in der Sonne – doch wohin Peter sieht, überall sind graue Metallgitter vor den Fenstern, vor den Türen.

Später liegt Peter auf seiner Matratze. Sein Bett ist das obere, unter ihm schläft ein Junge, der Marihuana geraucht hat. Peters Blick wandert über die gelben Wände, von denen der Putz blättert. Die Wäscheleinen, die zwischen den Betten gespannt sind, auf denen Hemden, Hosen und T-Shirts hängen. Die Plakate, die vor HIV und Aids warnen. Die hohe Decke, das Dachgebälk, die regelmäßigen Rillen des Wellblechs. Die größeren Jungen liegen mit nackten Oberkörpern auf ihren Betten, sie reden und lachen, Betten quietschen. Die Luft ist stickig. Sie sind viele, fast hundert. Neben Peter liest ein Junge in einem Schulbuch, ein anderer fächelt sich mit einem Heft Luft zu. Einer gähnt, einer wischt sich mit einem T-Shirt den Schweiß aus dem Gesicht. Einer lehnt am Metallpfosten seines Bettes; er scheint die anderen zu beobachten, doch sein Blick verliert sich. Wenn Peter aus dem Fenster am Ende des Schlafsaals schaut, sieht er eine Müllhalde. Ziegen laufen zwischen halbleeren Containern durch den Unrat und suchen nach etwas zu fressen.

Ein Junge holt ein Transistorradio hervor. Er stellt es auf seine Bettdecke und sucht einen Sender, es rauscht und knistert, Wortfetzen und Musik plärren aus dem Lautsprecher. Dann sagt eine Stimme »Willkommen bei *Straight Talk Radio*«, und der Junge dreht lauter.

Die Tage im *Remand Home* vergehen einer wie der andere.

Neulich saß Peter auf dem vergitterten Flur, während draußen im Hof eine Frau Wäsche wusch. Sie erzählte Rose von einem Mädchen, das sein Baby getötet hatte. Die Eltern des Mädchens waren gestorben, als es fünf Jahre alt war, es wuchs bei einer Tante und später bei der Großmutter auf. Dann wurde es schwanger, und weil seine Familie es aus dem Haus jagen wollte, tötete das Mädchen das Baby.

Manchmal denkt Peter an seine Schwester. Er wüsste gern, wie es ihr geht.

Manchmal denkt er auch an seine Eltern, doch ihre Gesichter bleiben stets verschwommene Punkte in einem unscharfen Bild. Er hat kaum noch Erinnerungen an sie.

Wenn er demnächst zur Schule gehen darf, wird er den ganzen Tag über lernen. Er will Arzt werden. Er will den kranken Menschen helfen, damit sie nicht sterben müssen.

Peter setzt sich auf. Er springt aus dem Bett und stößt dabei an die Tüte, die der Marihuana-Junge am Bettpfosten aufgehängt hat. Peter erkennt Bananen in der Tüte. Und eine Tomate.

Er hat Hunger.

Im schwindenden Licht des Tages läuft Dennis zur Klinik. Er geht am Maschendrahtzaun entlang zur Pforte, passiert die Flachbauten mit den Krankensälen. Er sieht die Frauen in ihren *Gomesis*, die im Schatten der Bäume *Posho* kochen, Männer, die auf der Erde sitzen, reden und *Omweso* spielen. Zwischen spielenden Kindern hindurch überquert er den vertrockneten Rasen. Eine Ziege schabt ihren Rücken an einem Zaum aus Bambusstöcken, und ein Hund scharrt im Sand.

Die Tür zu Christines Haus steht offen, und Dennis tritt ein. Christine, die gerade den Tisch abwischt, ruft: »Dennis!« Den Wischlappen noch in der Hand, umarmt sie ihn. »Wie geht es dir?«

»Gut«, murmelt Dennis. »Wie geht es dir?«

»Danke, mir geht es auch gut. Wie geht es Chrissi?«

»Gut. Sie ist bei unserer Tante.«

»Ich freue mich, dass du mich wieder mal besuchst«, sagt Christine. »Es kommt mir so vor, als hätten wir uns lange nicht gesehen.«

Dennis spürt Christines festen Körper, ihre kräftigen Arme. Sie ist ein Fels, denkt er. Nichts wirft sie um.

Christine lässt Dennis los und legt den Wischlappen beiseite. Sie füllt Erdnüsse in eine Schale, gießt Limonade in einen Becher und geht hinüber zum Sofa. Dennis folgt ihr zögernd. Er setzt sich aufs Sofa, schiebt die Hände unter seine Schenkel. Christine rückt die weiße Spitzentischdecke zurecht, stellt Becher und Erdnüsse auf den Couchtisch und setzt sich neben Dennis. Er trägt sein blaues Schuluniformhemd. Er sieht traurig aus, noch trauriger als sonst.

»Was hast du, Dennis?«, fragt Christine und schiebt ihm die Limonade hin.

Dennis beißt sich auf die Lippe.

»Was ist mit dir?«, fragt Christine noch einmal.

»Ich bin traurig. Ich vermisse Mummy. Ich vermisse auch Daddy, aber Mummy noch mehr, weil sie immer bei uns war. Wir haben jeden Abend zusammengesessen, sie hat uns Märchen erzählt und lustige Geschichten, wir haben gelacht. Mummy hat uns beschützt und sich um uns gekümmert, und wenn ich mir etwas sehr gewünscht habe, hat sie es mir manchmal geschenkt. Mummy … Mummy war die Beste!«

Christine umarmt Dennis. Sie zieht seinen Kopf an ihre Schulter.

Dennis spürt, wie seine Augen sich mit Tränen füllen. Wieder schaut er zur Decke; er will nicht weinen.

»Oh, Dennis …« Christine wiegt ihn im Arm.

»Ich fürchte mich so«, schluchzt Dennis. »Ich habe Angst, dass Chrissi und mir etwas passiert. Seit Daddy und Mummy tot sind, kümmert sich niemand mehr um uns. Manchmal besucht uns die Tante, aber die meiste Zeit sind wir allein.« Dennis kann seine Tränen nicht mehr zurückhalten. »Immer … immer … immer, wenn ich an Mummy denke, muss ich weinen.«

»Wein ruhig, mein Junge.« Christine hält Dennis fest im Arm und streichelt seinen Rücken. »Das wird dir guttun.«

Und Dennis weint.

Zwölf

Der Himmel war noch dunkel wie Graphit, und es regnete. Die Reisenden wirkten müde, nur das Sicherheitspersonal versah seine Arbeit mit einer Autorität, die unabhängig von Tageszeit und Biorhythmen schien.

Um sieben Uhr würde unser Flugzeug nach Brüssel starten; von dort flogen wir über Nairobi nach Entebbe, wo wir gegen Mitternacht landen sollten.

Als ich durch die weiten Hallen des Münchner Flughafenterminals lief, war ich sicher, mein Notizbuch zu Hause vergessen zu haben. In Brüssel fiel mir ein, dass der Zettel mit den Fragen an den Schamanen noch im Büro auf meinem Schreibtisch lag. Auf dem Flug nach Nairobi dachte ich, sämtliche Zettel mit allen Fragen an meine gesamten Interviewpartner im Schlafzimmer neben dem Koffer liegen gelassen zu haben. Doch alles war, wo es hingehörte: in meiner Tasche.

Am Morgen des ersten Drehtages trafen wir uns im Speisesaal des Hotels: Roland Wagner, der Kameramann, Ralf Richter, der Kameraassistent und Tontechniker, und Franz Hirner, der Herstellungsleiter. Alle waren müde von der Reise, aber voller Tatendrang.

Die Erste, die uns bremste, war die Kellnerin.

Auf dem Tisch standen Teller, Tassen, ein Korb mit Brot und etwas Marmelade. Doch gab es weder Kaffee noch Tee.

»Let me see ...«, sagte die Kellnerin, als wir sie um heiße Getränke baten. Wir sahen sie nicht wieder. Als wir das Hotel verließen und ins Auto stiegen, das für die Dauer der Dreharbeiten gemietet worden war, begegneten wir ihr in der Auffahrt, wo sie fegte. Sie lächelte und sagte: »Maybe tomorrow.«

Wir fuhren zu Harriet.

Als David, unser Fahrer, vor dem Ziegelhaus vorfuhr, liefen uns schon die Kinder entgegen, lachten und riefen: »*Mzungu! Mzungu!*«

Harriet stand im Türrahmen. Sie trug ein gelbes Kleid und ein Kopftuch. Sie lächelte nicht.

»Guten Tag, Harriet.« Ich reichte ihr die Hand. »Wie geht es?«

»Guten Tag«, antwortete sie und erwiderte kraftlos meinen Gruß. »Es geht gut.«

»Und wie geht es der Familie?«

Sie murmelte etwas, das ich nicht verstand, und wandte sich ab. Sie erkundigte sich nicht nach meinem Wohlbefinden, sie ignorierte das Team. Sie bat uns nicht ins Haus.

Harriet benahm sich, als wären wir uns nie begegnet. Kamera- und Tonmann sahen sich verwundert an. »Das ist eine unserer drei Hauptprotagonistinnen?«, fragten sie.

Ich nickte, ratlos. »Sie war ganz anders!« Einen Moment lang sah ich den Film platzen.

»Mzungu! Mzungu!«, riefen die Kinder.

Ich machte mich auf den Weg, suchte Harriet und fand sie an der Wasserstelle hinterm Haus. Ich erklärte, die Männer, mit denen ich gekommen sei, gehörten zum Filmteam, wir seien zu Dreharbeiten verabredet, ob sie sich erinnere. Harriet nickte. Ich erklärte, wir würden sie so wenig wie möglich stören, sie sollte einfach weiter ihren täglichen Arbeiten nachgehen, wir würden erst einmal mit Außenaufnahmen beginnen. Harriet gab sich abweisend; ich spürte, dass hinter ihrem abweisenden Verhalten Nervosität steckte.

In diesem Augenblick hätte ich mir nicht träumen lassen, dass wir uns acht Tage später von einer herzlichen und gut gelaunten Harriet verabschieden würden, die mich umarmte und erklärte, sie werde die Zeit mit uns nie vergessen.

Das Team lud die Ausrüstung aus und baute die Kamera auf. Wir machten Beleuchtungsproben, richteten Scheinwerfer ein. Die Kinderschar, die zuschaute, wuchs ständig, und auch die erwachsenen Nachbarn beobachteten neugierig das Geschehen. Das schien Harriet zu gefallen. Wir begleiteten sie bei ihren Einkäufen, fuhren mit ihr nach Kampala auf den Markt, wir spendierten ihr einen Besuch beim Friseur. Harriet genoss die Aufmerksamkeit. Wir bezahlten sie für die Dreharbeiten. Harriet zählte das Geld. Dann ließ sie einen Mann kommen, nahm auf einem Hocker vor dem Haus Platz, wie eine Königin es nicht huldvoller hätte tun können, und ließ sich die Fußnägel lackieren.

Irgendwann führten wir das erste Interview. Wir sprachen über Harriets Mann, die HIV-Infektion. Als ich nach der zweiten Frau des Mannes fragte, die oft draußen im Hof Wäsche wusch, spürte ich Harriets Eifersucht. Mit einer Handbewegung wischte sie Elisabeths Namen beiseite. Sie stand auf, holte die Memory Books, die sie für ihre Kinder geschrieben hatte, aus dem schmalen Schrank und breitete sie auf dem Tisch aus. »Look!«, sagte sie. Das Interesse an ihrer Person schmeichelte Harriet, und sie war nicht bereit, es zu teilen.

Während unserer Gespräche fiel mir auf, dass Harriet, ganz anders als Christine, keinerlei Wut auf ihren Mann zu empfinden schien. Er hatte sie und Elisabeth infiziert; beide Frauen hatten Kinder verloren. Doch Harriet sprach von ihrem Mann als einem liebevollen Vater, einem treu sorgenden Ehemann, der alle stets mit Geschenken überhäuft habe. Sie schwärmte von dem guten Leben, das sie geführt hätten. Irgendwann fragte ich: »Wirfst du ihm nicht vor, dass er dich angesteckt hat?«

Harriet schüttelte den Kopf. Die Frage war tabu. Plötzlich spürte ich, welche Anstrengung es sie kostete, das Bild des liebenden Ehemannes aufrechtzuerhalten.

Ich fragte sie, ob sie wieder heiraten wolle; Harriet war 37, ich hatte mitbekommen, dass die Männer ihr auf der Straße hinterhersahen, sie war eine attraktive Frau.

»No!«, antwortete Harriet entschieden.

»Warum nicht?«

»Meine Kinder brauchen mich. Ihnen gehört all meine Liebe und Aufmerksamkeit.«

Ich fragte nicht weiter.

Von Zeit zu Zeit verwandelte Harriet sich in ein Mädchen. Mit weinerlicher Stimme rief sie dann nach ihren Kindern. Patrick, ihr Ältester, bemühte sich sehr um seine Mutter, und auch die Töchter trösteten und stützten sie. Harriet tat mir leid. Sie hatte ihren Mann und ein Kind verloren, ein anderes war HIV-positiv, und auch sie selbst würde eines Tages an Aids sterben. Doch die Kinder hatten ihren Vater sterben sehen – und mussten zudem mit dem drohenden Tod der Mutter fertig werden. Waren sie es nicht, die Trost und Unterstützung ihrer Mutter gebraucht hätten?

Meist starben die Männer zuerst. Ich sah viele Kinder, die nur noch mit ihren Müttern lebten. Ich fragte mich, welche Veränderungen in den Familien das zur Folge hatte. Jungen wuchsen ohne Vorbilder heran, Töchter mussten ihre Mütter emotional versorgen. Wie wurden die Kinder mit dieser Bürde fertig?

Eines Abends drehten wir eine Szene mit Harriet und Winnie. Beide saßen mit einer Öllampe vor dem Haus und lasen in Winnies Memory Book. Winnie gähnte. Ich bat das Mädchen, ein paar Sätze vor laufender Kamera vorzulesen. Winnie gähnte wieder. »Winnie ist müde«, sagte Harriet.

Ich vermutete, dass Winnies Gähnen eine Abwehrreaktion war, dass sie versuchte, sich vor Gedanken an den Tod ihrer Mutter zu schützen.

»Winnie braucht eine Limonade«, sagte Harriet. Ich nickte, und einer der Mitarbeiter machte sich auf den Weg, um irgendwo kühle Limonade zu besorgen.

Nachdem Winnie ihre Brause getrunken hatte, drehten wir weiter; das Mädchen gähnte immer noch. Irgendwann sagte der Kameramann »Okay«, und wir beendeten die Dreharbeiten.

Wir gewöhnten uns daran, morgens entweder Brot oder Kaffee, selten aber beides zu bekommen. Manchmal verließen wir das Hotel und fuhren ohne Frühstück zum Dreh. Als einzige Frau im Team, noch dazu wesentlich älter als die anderen, kaufte ich Bananen. Doch wenn man den ganzen Tag über arbeitet, wird man davon nicht satt.

Wir legten lange Entfernungen auf Straßen voller Schlaglöcher zurück. Riesige Staubwolken nahmen den Fahrern die Sicht, doch niemand drosselte deswegen das Tempo. Lastwagen überholten andere Fahrzeuge in halsbrecherischen Manövern; oft waren ihre Fahrer übermüdet, meist hatten sie auch zu viel geladen. Täglich ereigneten sich Unfälle. Ein Tanklastzug kam von der Straße ab und nur knapp neben einem Wohnhaus zum Stehen. David, unser Produktionsfahrer, fuhr besonnen, und ich dankte ihm inständig; wenn er trotzdem raste, meist ab Einbruch der Dämmerung, dann zu unserer Sicherheit, denn am Straßenrand lauerten Banden, die Autos überfielen und ausraubten.

An manchen Tagen setzten Wolkenbrüche das Land unter Wasser, und wir brauchten Stunden, um selbst kurze Strecken zurückzulegen. Kamen wir an, waren unsere Interviewpartner verschwunden. Kamen wir pünktlich, wurden wir ebenfalls versetzt. Freundliche Menschen trösteten uns dann und sagten: »Maybe tomorrow …«

Es regnete auch, als wir zu Betty fuhren. Dicke Tropfen rannen über die Scheiben des Autos, doch David deutete auf den Horizont. Hinter nahezu schwarzen Wolken erstreckte sich ein schmaler Streifen gleißenden Lichts über die nasse Landschaft – beinahe übergangslos schien das Wetter zu wechseln.

Betty lebt in einer armen Gegend, einige Autostunden von der Hauptstadt entfernt. Wieder begeisterte mich die Landschaft, ihre üppige Vegetation, die Rundhütten. Die Menschen, die in diesem Teil Ugandas lebten, waren hochgewachsen, sie bewegten sich anmutig und mit beeindruckender Würde. Viele hatten schöne, ebenmäßige und sehr ausdruckstarke Gesichter.

Betty und ihre Nachbarinnen begrüßten uns herzlich. Sie hatten ihre Memory Books mitgebracht, hielten sie in die Kamera und beantworteten bereitwillig meine Fragen. Scharen von Kindern folgten uns auf Schritt und Tritt, doch hielten sie stets höflichen Abstand. Was immer wir Betty in den folgenden Tagen baten, vor der Kamera zu tun, sie tat es gleichmütig, geduldig und freundlich. Sie ließ sich durch nichts aus der Ruhe bringen, sie redete und lachte mit ihren Nachbarinnen, sie fegte mit Sorgfalt und Hingabe den Platz zwischen den Hütten, sie tanzte, sie spielte mit Lucy und den anderen Kindern, sang Lieder, erzählte Geschichten. Sie wies, wenn es erforderlich war, ein Kind zurecht, bestimmt, aber freundlich. Betty strahlte in jedem Moment eine große Wärme und Präsenz aus; ich fühlte mich in ihrer Gegenwart sehr wohl. Ich bedauerte, nicht direkt mit ihr kommunizieren zu können, doch Betty sprach kein Englisch, sie hatte nie eine Schule besucht, und alles, was ich fragte, was sie erzählte, musste von einer Dolmetscherin übersetzt werden.

Betty war die Einzige, die ihren Mann nicht mit einer anderen Frau hatte teilen müssen. Als Lastwagenfahrer war er viel unterwegs gewesen. In Afrika wurde fast alles mit LKWs transportiert – Benzin, Mais, Kaffee, Stahl, Hosen, Haushaltssiebe. Die Ex- und Importe liefen über ein paar Häfen – Lagos und Dakar im Westen, Durban und Maputo im Süden, Mombasa und Daressalam im Osten – und wurden von dort in Lastwagen über den gesamten Kontinent transportiert. Von dieser Mobilität profitierte auch der HI-Virus. Doch davon wusste Betty nichts. Sie hatte den Flecken, an dem sie geboren und aufgewachsen war, nur einmal verlassen, als sie zu einer Hochzeit nach Kampala fuhr. Ihr Leben hatte sich zwischen einer Handvoll Rundhütten abgespielt, und vielleicht begründete das ihre erdverbundene, tief im Land verwurzelte Art.

Als ich fragte, ob sie Angst habe zu sterben, antwortete sie: »Nein.« Und lächelte ihr weiches Lächeln. »Die Menschen sind immer gestorben, auch vor dieser Krankheit. Wenn Gott es will, wird er mich zu sich holen.«

Hatte sie Angst um ihre Kinder?

»Gott wird ihnen beistehen.«

Ihr tiefer Glaube gab Betty Kraft.

Als wir Betty zum Abschluss baten, sie am Grab ihres Mannes filmen zu dürfen, willigte sie ein. Einen gewissen Abstand mussten wir halten, sonst, so die Übersetzerin, würden die Ahnen ungnädig, weil sie sich gestört fühlten. Betty jedoch schien die Kamera völlig zu vergessen – sie versenkte sich in ihr Gebet und hielt Zwiesprache mit ihrem Gott und den Toten.

Ein paar Tage zuvor, wir hatten gerade die Dreharbeiten bei Harriet beendet, hatte ich eine Blase vorne am Nagel meines großen Zehs bemerkt. Sie schmerzte, doch ich wollte nicht zimperlich sein. Allerdings wuchs die Blase von Tag zu Tag. In ihrer Mitte befand sich ein schwarzer Punkt. Ich probierte alle Salben meiner Reiseapotheke aus, ohne Erfolg.

Dann zeigte ich die Blase Vincent, unserem Begleiter und Dolmetscher.

»Das ist ein Parasit«, sagte er. »Ein Wurm, der unter Finger- und Fußnägel kriecht und sich dort einnistet. Du musst ihn dir von einem der Schweine geholt haben.«

Harriet! Sie hielt mehrere Schweine …

»Was mache ich gegen den Wurm?«

»Du solltest zu einem Arzt gehen.«

Vor der Abfahrt hatte mir ein Bekannter die Adresse eines englischen Arztes in Kampala gegeben. Ich durchsuchte meine Unterlagen und bat Moritz und Vincent, mich zu begleiten. Vincent zögerte. Ich bat ihn noch einmal und sagte ihm, dass ich Schmerzen hatte.

Es war bereits Abend, und wir irrten durch die Straßen. Ich wunderte mich, dass ein Ortskundiger wie Vincent sich so schlecht zurechtfand. Ich schlug vor, Passanten nach der Adresse zu fragen, und Vincent sprach einen Mann an, der unbestimmt in eine Richtung deutete; ich bezweifelte, dass er wusste, wo sich die Praxis befand. Vincent war ein sensibler, einfühlsamer, kluger Mensch, und ich schätzte seine ruhige, ausgleichende Art, mit der er immer wieder vermittelte und Schwierigkeiten löste, sehr. Doch war er eben auch Afrikaner, und etwas, was in meinen Augen dringlich war, war es nicht unbedingt auch in seinen.

Schließlich fuhren wir in eine nahe gelegene Klinik. Dort kannte man den Arzt, rief in seiner Praxis an und erfuhr, dass er soeben nach Hause gegangen war. Ich kämpfte mit den Tränen; plötzlich entlud sich alle Anstrengung der vergangenen Tage – die langen Arbeitstage, die Probleme, die ständig auftraten und gelöst werden mussten, die knappe Freizeit, die nicht ausreichte, um sich von den körperlichen und psychischen Belastungen zu erholen.

Ich fragte, wann der Arzt wieder Sprechstunde habe. Übermorgen, antwortete eine freundliche Krankenschwester. Und bot mir an, mich in der Klinik behandeln zu lassen.

Eine Ärztin untersuchte den Zeh. »Ich werde Ihnen eine Spritze geben und den Wurm herausschneiden.«

Ich zuckte zusammen. Ich fürchtete mich vor Spritzen in Afrika. Schließlich bat ich die Ärztin, ohne Betäubung zu schneiden; wenn ich es nicht mehr aushalten könnte, würde ich Bescheid sagen. Die Ärztin erklärte sich einverstanden und verschwand. Mir war flau vor Angst, und Moritz und Vincent versuchten mich abzulenken und erzählten Witze. Wir lachten. Ich tastete nach Vincents Hand.

Begleitet von einem Assistenten kehrte die Ärztin zurück. Inzwischen war es dunkel. Ich saß auf einer Pritsche, über unseren Köpfen brannte eine 25-Watt-Glühbirne. Der Assistent nahm eine Rasierklinge. Anfangs piekste es nur; dann wurde es schmerzhaft. Die Ärztin sagte, sie werde den Chirurgen suchen. Der Chirurg, ein Inder, betrachtete den Zeh, erklärte, er würde mir eine Betäubungsspritze geben, den Zehennagel entfernen und den Wurm herausschneiden.

»Nein«, sagte ich.

Die Ärzte und der Assistent sahen mich überrascht an.

»Nein«, sagte ich noch einmal. Meine Stimme klang nicht sehr fest, aber entschieden genug, dass niemand widersprach. Man verband die Wunde, und ich humpelte davon. Am nächsten Tag suchte ich die Praxis des englischen Arztes auf. Seine australische Vertretung schlug die Hände über dem Kopf zusammen. »Den

Zehennagel entfernen? Aber warum denn?« Dann untersuchte sie meinen Zeh. Es stellte sich heraus, dass der Assistent mit seiner Rasierklinge sowohl den Wurm als auch sämtliche Eier entfernt hatte – ohne es zu merken; wahrscheinlich wegen der mangelhaften Beleuchtung.

In den kommenden Tagen humpelte ich mit verbundenem Fuß umher. Abends fuhr ich in die Praxis des Arztes, der die Wunde versorgte. Vincent begleitete mich, wofür ich ihm sehr dankbar war. Wenn wir ins Hotel zurückkehrten, hatte das Team sich ins Nachtleben von Kampala gestürzt, und Vincent und ich tranken an der Bar noch eine Limonade.

Nicht weit von Bettys Rundhütte lebten abseits der Straße drei Waisen. Das Dach ihrer Hütte war löcherig, schiefe Holzbalken stützten es, eine schüttere Palme warf spärlichen Schatten.

Als wir kamen, saßen zwei Jungen in schmutzigen Hosen im Sand. Sie waren acht und elf Jahre alt, das wusste ich von Betty; ihr Sohn George ging mit dem älteren Bruder fischen. Einer der Jungen hielt ein Instrument in den Händen. Mit den Daumen zupfte er an Saiten und sang: »My God, I praise you …« Manchmal, bei den hohen Tönen, kippte seine Stimme. Sein kleiner Bruder schaute zu. Rotz lief ihm aus der Nase.

Ich fragte den Jungen, was für ein Instrument das sei.

»Eine Bogenharfe«, antwortete er der Übersetzerin.

»Hast du sie selbst gebaut?«

»Ja«, erklärte er stolz. Und war einverstanden, noch eine Bogenharfe zu bauen, während wir ihn filmten.

Das Team baute Kamera, Scheinwerfer und Mikrofon auf. Die Jungen schauten neugierig zu. Unterdessen suchte ich im Auto nach einer leeren Wasserflasche. Als der Kameramann ein Zeichen gab, nahm der ältere der beiden Brüder ein Messer und schlug von einem Zweig, den er mit der anderen Hand festhielt, Rinde ab. Immer wieder probierte er, ob der Zweig in die Flaschenöffnung passte. Er kniete sich hin, um mehr Kraft zu haben, holte aus und entfernte in schnellen Schlägen mehr Rinde. Während ich zusah, musste ich an mich halten.

Schließlich passte der Ast durch die Öffnung. Der Junge begann, Löcher in den Ast zu bohren. Er brach winzige Zweige in Stücke und schälte sie mit einer Rasierklinge, bis sie so dünn waren, dass er sie durch die Löcher im Ast schieben konnte. Ich konnte kaum zusehen. Hätte ich in Deutschland ein Kind mit einer Rasierklinge hantieren sehen – ich hätte sie ihm sofort abgenommen.

Doch auf diese Jungen passte niemand auf. Sie waren sich selbst überlassen. Sie waren das, was man einen »Kinderhaushalt« nannte; ein Ausdruck, der seine triste Wirklichkeit nicht annähernd beschreibt.

Später, als ich wieder mit Betty und ihren Nachbarinnen auf dem Platz zwischen ihren Rundhütten saß, kam ein Nachbar und setzte sich dazu. Er war Lehrer. Er kannte die drei Waisen. Ich fragte, ob man den Kindern nicht helfen könne. Das Dach reparieren, ihnen Matratzen besorgen, damit sie nicht auf dem Boden schlafen mussten? Oder sie in einer anderen Hütte unterbringen, wo sie nicht, kaum dass sie die Tür öffneten, auf die Gräber ihrer Eltern und vier toten Geschwister traten? Der Lehrer erklärte, man wolle den Kinder gern helfen, habe aber keine Mittel.

Als ich abends im Hotel zu Bett ging, brannte dieses Bild vor meinen Augen: sechs Gräber, zwei große und vier kleine Grabplatten, stumme Rechtecke aus schwerem Zement. Ich wusste, dass die Ugander die Toten in ihrer Nähe begruben, doch meist befanden sich die Gräber hinter den Häusern und Hütten, ein wenig abseits. Wenn der Tod täglich vor der Tür lag – wie sollte man am Leben bleiben?

Wir fuhren zu Christine.

Christine hatte vom ersten Moment an begriffen, dass ein Film über die Memory Books den Menschen in Uganda nutzen konnte. War er gut gemacht, würde er Zuschauer berühren, sensibilisieren, zum Umdenken und zur Hilfe animieren. Deshalb unterstützte sie mit all ihrer Energie – und sie hatte eine Menge! – unsere Dreharbeiten.

Christine führte uns durch die Klinik, brachte uns mit Patienten, Müttern und Waisenkindern zusammen. Sie nahm uns mit, wenn sie Workshops gab und anderen HIV-positiven Frauen zeigte, wie man ein Memory Book schrieb. Sie lud uns in ihr Haus ein, bewirtete uns, gab Interviews. Sie wiederholte jede Einstellung, wenn der Kameramann das Licht monierte oder zum hundertsten Mal ein Huhn gackernd durch Bild rannte, kaum dass das Rotlicht aufleuchtete. Sie war unendlich geduldig. Sie hatte ein Anliegen – Christine wollte

HIV-positiven Frauen ein Vorbild sein, ihnen zeigen, dass das Leben noch lebenswert war, dass es keinen Grund gab, die Hoffnung aufzugeben. Sie hatte sich aus der Opferrolle gelöst und wollte, dass andere Frauen es ebenfalls taten. Christine wusste, dass der Einzelne eine Gesellschaft verändern konnte, wenn es ihm gelang, andere zu überzeugen und mitzureißen.

Ich bewunderte Christine für ihre Vision und ihren Mut.

Sie war eine vielschichtige Persönlichkeit. Sie war wütend und empörte sich darüber, dass Geld und Konsum in der ugandischen Gesellschaft immer wichtiger wurden, während der Zusammenhalt der Familien schwand. Sie war ausgelassen, lachte, rannte und tanzte mit einer Beweglichkeit, die ich angesichts ihrer fülligen Statur nicht erwartet hatte. Sie war traurig, weil ihr nicht mehr viel Zeit blieb. Würde sie mit ihrer Tochter zur Abschlussprüfung gehen? Würde sie bei Vivians Hochzeit dabei sein? Würde sie ihre Enkelkinder aufwachsen sehen?

»Es gibt kaum eine Familie in Uganda, in der nicht jemand HIV-positiv ist, an Aids leidet oder bereits gestorben ist«, sagte Christine in einem Interview. »Kinder verlieren ihre Eltern. Die Zahl der Waisen steigt bedrohlich. Hunderttausende kämpfen mit dem Leid, das Aids bringt. Wenn wir die Kranken nicht unterstützen, ihnen keine Medikamente geben, versinken sie in Depression und Elend, und viele bringen sich um. Ich bin froh zu sehen, dass die Ugander langsam ihre Einstellung ändern, dass sie verstehen, dass HIV-positive Menschen ihre Hilfe brauchen. Immer öfter erlebe ich, dass Kranke von ihren Verwandten nicht fortgejagt oder weggesperrt, sondern im Kreis der Familie gepflegt werden. Die Menschen fangen an, sich der Krankheit zu stellen – und das ist gut.«

Ich dachte daran, wie selbstverständlich HIV-infizierte Menschen in Deutschland Medikamente und professionelle Unterstützung bekamen, und verstummte.

An einem sonnigen Spätnachmittag, als die Kinder aus der Schule nach Hause zurückkehrten, fuhr Christine mit uns zu Dennis und Chrissie. Dennis besuchte sie gelegentlich; sie kannten einander aus der Aidsberatung für Kinder.

Das erste, was ich sah, als Dennis aus dem Haus trat, waren seine Augen. Noch nie hatte ich ein so tieftrauriges Kind gesehen. Er trug noch seine Schuluniform und reichte uns höflich die Hand. Er wirkte, wie viele Kinder, denen ich in Uganda begegnete, sehr erwachsen. Er war elf Jahre alt und trug die Verantwortung für sich und seine sechsjährige Schwester, die nicht von seiner Seite wich. Die einzige Verbindung zu den Eltern, die den Kindern geblieben war, war ein Memory Book.

Eines Tages, als wir die Geschwister filmten, während sie vor der Tür zu ihrem Zimmer in ihrem Memory Book lasen, zogen dunkle Wolken auf. Kurze Zeit später begann es zu regnen, und es kühlte merklich ab. Ich war froh, eine lange Hose und eine Jacke angezogen zu haben. Doch Dennis und Chrissi saßen dort, in dünnen Hosen und T-Shirts, Chrissis T-Shirt war durchlöchert. In keinem Moment war die Abwesenheit der

Mutter deutlicher zu spüren. Ich zog Chrissi zu mir und rieb ihre kalten Hände in meinen.

Ich schloss das Mädchen in die Arme und wärmte es, bis es nicht mehr fror.

Es juckte, und als schon wieder eine Blase an meinem Fuß wuchs, war ich kurz davor, die Nerven zu verlieren.

Wir waren inzwischen so unter Zeitdruck, dass wir geplante Dreharbeiten bei Christines Großfamilie absagen mussten. Jeden Tag fuhren wir zu traditionellen Heilern, Tanzgruppen, Prostituierten, LKW-Fahrern, Sargtischlern, Schulen. Abends gab es Diskussionen im Team über die Richtung, die der Film nahm, darüber, ob man das Konzept über den Haufen werfen und ganz neu erarbeiten sollte.

Trotz fester Absprachen stellte die Hotelleitung den Generator nicht an, sodass wir die Akkus der Kamera nicht aufladen konnten. Im Dunkeln tappten wir in unsere Zimmer und versuchten, uns den roten Staub aus den Haaren zu waschen. *Maybe tomorrow …*

Wir hatten Hunger, und selbst wenn wir aßen, blieb das Gefühl, nicht satt geworden zu sein. Während die Ugander mit Genuss täglich Kochbananenpüree, Maisbrei und Bohnen aßen, wenn das Geld reichte auch etwas Fleisch, das jedoch, egal von welchem Tier es stammte, immer gleich schmeckte und zäh war, hätten wir viel für ein bisschen Abwechslung im Speiseplan gegeben. Eines Abends rettete uns Moritz, unser neuer Produktionsleiter. Er besorgte alle nötigen Zutaten und überraschte uns mit einem riesigen Topf Spaghetti. Ich werde es ihm nie vergessen und der Rest des Teams sicher auch nicht. Wir aßen uns satt, mit beinahe kindischer Freude. Es sind diese Kleinigkeiten, an denen man merkt, wie weit man von zu Hause fort ist.

Und dann noch ein Parasit.

Während das Team weiter drehte, fuhr ich zum Arzt. Ich traf weder den englischen Arzt noch seine australische Vertretung. Es war ein ugandischer Doktor, der mir ohne Betäubung den Wurm samt Eiern aus dem Fuß schnitt. Ich weinte vor Schmerz und brannte vor Wut auf alle Parasiten und ganz Afrika.

Ich wollte nach Hause.

Dreizehn

Miriam steht im Schatten des Mangobaums vor ihrem Haus und lächelt. Sie trägt einen roten Rock, eine gelbe Bluse und hat ein rosa Tuch um den Kopf gebunden. Victoria liegt auf einer Bastmatte und kräht vor Vergnügen, weil Priscilla ihren Bauch kitzelt. David spielt mit einem leeren Ölkanister, an den er Rollen gebaut hat, sodass der Kanister durch den Sand saust wie ein Spielzeugauto. Aufrecht, einem Baobab-Baum gleich, steht Miriam dort und sieht ihren Kindern zu.

Dann wendet sie sich ab und geht zurück ins Haus. Sie jagt ein Huhn zur Tür hinaus, nimmt einen Becher, füllt ihn mit Wasser und trinkt einen Schluck. Sie schüttelt die Kissen auf, geht hinüber zum Fernsehapparat, drapiert die weißen Häkeldeckchen. Dann holt sie das Heft hervor und einen Stift und geht wieder hinaus.

Im Schatten des Mangobaums rollt Miriam eine zweite Matte aus. Sie setzt sich, streckt die Beine aus, legt Heft und Stift neben sich.

Patricia schlüpft in Miriams Sandalen und läuft in den viel zu großen Schuhen auf und ab. Miriam lacht. Eine Ziege rupft hungrig an einem Busch.

Miriam nimmt den Stift. Sie klappt das Heft auf, breitet es auf ihren Knien aus. *Meine Kinder …* schreibt sie. Sie legt den Stift beiseite. Sie streicht ihren Rock glatt und knotet ihr Kopftuch neu. Ihr Herz klopft. Wieder nimmt sie den Stift und streicht über das Papier. *The Story of your Family* steht über dem leeren Blatt. In Miriams Kopf schwirren die Gedanken durcheinander – wie soll sie sie wohlgeordnet auf diese weiße Seite bringen?

Patricia zieht ihrer kleinen Schwester Miriams Sandalen an, doch Victorias Babyfüßchen versinken darin. Die Mädchen kichern und gurren.

Miriam schreibt: *Euer Vater hat gern mit euch gespielt. Er war ein guter Vater. Und er war ein guter Ehemann. Ich habe ihn sehr geliebt.* Miriam schluckt. Sie spürt einen Kloß im Hals. Sie trinkt einen Schluck Wasser. *Euer Vater starb an dieser seltsamen Krankheit. Ich kann immer noch nicht glauben, dass es wirklich passiert ist.* Miriam streicht über ihren Bauch. Sie holt tief Luft und schreibt: *Doch nun weiß ich, dass auch ich* viel zu früh *sterben werde …*

Miriams Blick wandert über das Ananasfeld, die grünen Stauden. Ihr Mann hat das Feld angelegt. Ananas essen die Leute gern, sagte er. Das Sonnenlicht lässt die goldgelben Früchte glänzen.

Miriam zieht ein Foto hervor, das sie zwischen die leeren Seiten geschoben hat. Sie schaut in das vertraute Gesicht ihres Mannes, seine hohe Stirn, die breite Nase, die langen Wimpern. Auch David hat lange Wimpern. *Mein Sohn, ich hoffe, du wirst eines Tages so hübsch und klug und charmant sein wie dein Vater*. Miriam nimmt das Foto und betrachtet es eingehend. Ihr Mann trägt das rote Hemd, das er kurz vor ihrer Hochzeit auf dem Markt gekauft hatte. Eine Ziege knabberte später ein Loch in den Ärmel. Miriam schimpfte, doch ihr Mann lachte nur und küsste sie. Die Ziege haben sie bald darauf geschlachtet.

Miriam nimmt ein Stück Pflaster und reißt es mit den Zähnen in zwei Streifen. Dann klebt sie das Foto ihres Mannes in Davids Memory Book.

Als Harriet am Morgen erwacht, regnet es in Strömen. Sie schlüpft in ihre Kleider, ihre Schuhe, nimmt einen Regenschirm und öffnet die Tür. Graues Licht liegt über dem Hof, der Himmel ist voller Wolken. Harriet spannt den Schirm auf und läuft los, springt über Pfützen, tritt auf Steine, läuft über Bretter, um reißende Bäche zu überqueren. Dicke Tropfen stürzen vom Himmel, springen aus Pfützen hoch, der Boden ist aufgeweicht und rutschig, und von den Dächern rauscht das Wasser.

Harriet läuft ums Haus herum, zum Haus ihrer Nachbarn. Sie öffnet die Tür, knipst das Licht an. Die Kinder schlafen noch. Vorsichtig hebt sie das Moskitonetz und weckt den Jüngsten; er ist neun Jahre alt. Der Junge reibt sich die Augen. Wortlos richtet er sich auf, zieht sein Hemd an und steigt über seinen schlafenden Bruder hinweg aus dem Bett.

Ihre Eltern sind tot.

Harriet gießt Wasser in einen Becher. Jeden Morgen,

wenn sie aufwacht, weckt sie den Jüngsten und gibt ihm seine antiretroviralen Medikamente. Dann weckt sie seine Brüder, hilft ihnen beim Waschen und Anziehen und schickt sie zur Schule. Die Jungen mögen Harriet. Wenn sie einmal vor ihr aufwachen, klopfen sie an ihre Tür und rufen, bis Harriet öffnet. Auch nachmittags, wenn sie aus der Schule kommen, besuchen sie Harriet. Harriet bringt es nicht über sich, die Jungen nach Hause zu schicken. Wenn Kinder aus der Schule kommen, sollte jemand auf sie warten. Sie sind noch so jung.

Sie sind Kinder.

Der Junge schluckt seine Medikamente und trinkt das Wasser, das Harriet ihm reicht. Sie streicht ihm übers Haar. Die Eltern haben ihren Kindern nichts hinterlassen; manchmal denkt Harriet, sie sollte den Jungen ein Memory Book schreiben.

Draußen kräht ein Hahn.

Der Regen hat nachgelassen, als Harriet die Kinder zur Schule schickt. Hinter den grauen Wolken zieht leuchtend lila und orange der Morgenhimmel auf. Harriet gibt auf sich acht und versucht, gesund zu bleiben. Und sie hofft, dass sich jemand auch um ihre Kinder kümmern wird, wenn sie stirbt. Patrick ist erwachsen. Angela ist vierzehn. Winnie ist zehn Jahre alt.

Sie sind Kinder.

Harriet spricht ein schnelles Gebet, als sie zu ihrem Haus zurückkehrt, um ihre Kinder zu wecken.

Elisabeth öffnet die Tür zum Küchenhaus. Sie rafft ihren Rock und steigt über die Schwelle. Sie schiebt ein

Scheit Holz zwischen Türrahmen und Tür, damit sie offen bleibt.

Auf dem Feuer köchelt ein Topf mit Wasser. Dampf steigt auf, und als Elisabeth sich bückt und das Feuer schürt, züngeln die Flammen. Sie setzt sich auf den Boden und beginnt, Kochbananen zu schälen. Sie teilt jede Frucht in zwei Hälften und schneidet sie in Stücke. Sie gibt Salz in das kochende Wasser, eine Handvoll Erdnüsse und lässt die Kochbananenstücke vorsichtig in den Topf gleiten.

Elisabeth sitzt neben dem Feuer und schaut zu, wie das Wasser sprudelt und die Bananenstücke darin tanzen. Sie denkt darüber nach, Memory Books für Juliette und George zu schreiben, so wie Harriet es für ihre Kinder tut. Sie befürchtet, dass es sehr lange dauern wird, so ein Buch zu schreiben, und sie weiß nicht, ob sie es schaffen wird.

Elisabeth rührt das *Matoke* um und gibt etwas Pfeffer dazu. Der Topf rutscht in die Asche, und Qualm steigt auf. Sie greift nach ihrem Rockzipfel und reibt sich die Augen. Elisabeth ist stark. Wenn sie krank ist, geht sie ins Krankenhaus, dort gibt man ihr Medikamente. Wenn sie Sorgen hat, geht sie in die Kirche und spricht mit Gott oder besucht ihre Freundinnen. Sie kommt zurecht. Wenn sie Memory Books schreibt, wird sie sich an Dinge erinnern müssen, die sie lieber vergessen möchte – die Zeit unter Idi Amin, den Krieg gegen Tansania, in dem ihr Mann kämpfte, die Befreiung Kampalas. Doch es ist wichtig, dass die Kinder etwas haben, wenn sie stirbt, dass sie nicht vergessen, wer ihre Eltern waren. Wenn Gott will, wird er Elisabeth zu sich holen, sie fürchtet den Tod nicht, und sie hat auch keine Angst um ihre Kinder, sie haben einander, und sie haben das Haus, in dem sie wohnen. Doch Elisabeth möchte, dass George und Juliette sich erinnern können.

Als das Essen fertig ist, ruft sie Harriet und die Kinder ins Küchenhaus. Alle setzen sich auf den Boden. Elisabeth stellt die Töpfe in die Mitte und teilt Reis, Bohnen und *Matoke* aus. Sie sprechen nicht viel, während sie essen. Elisabeth löst ihr Kopftuch und wischt sich über Hals und Nacken. Kauend schaut sie zur Tür. Draußen ist es hell, und im Licht, das hereinfällt, tanzt Dampf über den Töpfen. Harriet sitzt nur einen Schritt von ihr entfernt. Sie schauen einander kaum an.

Angela ist die Erste, die aufsteht und geht. Als alle Kinder gegessen haben, wischt Harriet Winnie das Gesicht ab, während Elisabeth die schmutzigen Teller zusammenräumt.

Draußen hockt der Nachbar auf einem Schemel unter dem Niembaum und hört Radio. Betty kennt das Lied, es ist *Alone* von Philly Lutaya. Sie summt mit, während sie abwäscht. Juliette hilft ihrer Mutter und spült die sauberen Teller in klarem Wasser und stapelt sie. Dann trägt sie sie zurück ins Küchenhaus. Elisabeth schüttet die Schüsseln mit dem Wasser aus und schaut ihrer Tochter hinterher. Sie liebt sie. Sie liebt ihre schöne, gesunde Juliette.

Betty sitzt auf einem am Boden liegenden Baumstamm neben ihrer Rundhütte. Sie schält einen Streifen vom

Fruchtfleisch der Mango und reicht ihn Lucy. Dann löst sie ein weiteres Stück vom Kern und beißt davon ab. Beide kauen und sehen dem Wind zu, der sanft durch die Büsche streicht.

Lucy, Lucy, ich wünsche mir,
dass du ein großes Mädchen wirst …

Betty hält inne und spuckt ein Stück Schale ins Gras. Dann singt sie weiter:

Lucy, Lucy, ich wünsche mir,
dass du ein starkes Mädchen wirst …

Lucy knabbert an ihrem Mangostück und fragt: »Wie stark?«

»Stark wie ein Löwe«, antwortet Betty und legt den Arm um ihre Tochter. Lucy schmiegt sich an sie.

Lucy, Lucy, ich segne dich,
und Gott wird immer mit dir sein …

Ein Kind schreit, und Betty schaut sich um. Lucy folgt ihrem Blick. Sie schiebt ihr Kleid zurück, das zerrissen von ihrer rechten Schulter hängt. Das Kind hört auf zu schreien, und Betty kaut weiter auf ihrer Mango. Sie spuckt ein Stück hartes Fruchtfleisch ins Gras. Lucy beugt sich vor und spuckt ebenfalls, voller Kraft. Sie lächelt schelmisch.

Dann lehnt sie sich bäuchlings über die Beine ihrer

Mutter, streckt alle viere von sich und kichert. Betty streichelt Lucys Rücken und lächelt.

So sitzen Mutter und Tochter auf dem Baumstamm, ruhig, voll endloser Geduld, als gäbe es keine Zeit. Und der Wind streicht durch die Büsche, und in der Ferne erklingen Stimmen und Trommeln.

»Komm, es ist Zeit, ins Bett zu gehen«, sagt Betty schließlich und stellt Lucy auf ihre Füße.

Hand in Hand schlendern Betty und Lucy durch die milde Abendluft zu ihrer Rundhütte. Auf dem Platz badet Patricia ein Nachbarskind in einer Plastikschüssel, und Bettys Söhne spielen Fußball mit ihren Cousins. Betty zieht Lucy das Kleid über den Kopf und schrubbt sie. Dann bringt sie ihre Jüngste zu Bett. Sie setzt sich neben sie auf den Rand der Matratze, nimmt ihre Hand und singt:

Lucy, Lucy, ich wünsche mir,
dass du groß und stark und klug wirst,
und immer deine Beine wäscht,
und dass du immer artig bist.

Lucy, Lucy, ich wünsche mir,
dass du zur Makerere gehst,
und später mal ein Auto kaufst,
und deine Geschwister spazieren fährst …

Das Letzte, was Betty hört, bevor Lucy einschläft, ist ein Kichern.

Christine geht den Flur entlang zur Säuglingsstation. Weißes Licht fällt durch die Fenster und wirft lange Schatten. Schon bevor sie den Krankensaal betritt, hört sie Stimmen und Kindergeschrei. Die Angehörigen, die ihre Kranken pflegen, laufen zwischen den Betten entlang, bringen Wasser, trösten, erzählen Geschichten und singen ihren Kindern Lieder.

Christine geht von einem Bett zum anderen, kontrolliert Infusionen und prüft den Sitz von Injektionsnadeln. Sie misst einer Patientin den Blutdruck. Sie tastet einem Kind den Bauch ab; er ist hart, und das Kind weint. Sie macht Notizen in ihrem Buch, spricht mit den Verwandten und sagt, sie wird Tabletten bringen. Dann geht sie weiter.

Die junge Frau, die in einem der Betten nahe den Fenstern lag, ist von ihren Verwandten geholt und in ihr Heimatdorf gebracht worden; es ist teurer, Tote zu transportieren als Lebende.

Der sechsjährige Junge, der unter Durchfall litt, ist gestorben. Er hatte Transfusionen bekommen, doch sein Fieber sank nur für kurze Zeit, dann stieg es wieder. Weder die Mutter noch die Krankenschwestern hatten ihn dazu bringen können, zu trinken. Der Arzt war weder am nächsten noch am übernächsten Tag gekommen; als er schließlich in der Klinik eintraf, war der Junge tot.

Die Mutter, die ihrem malariakranken Kind nach altem Brauch mit einem Messer in die Brust geschnitten hatte, damit der böse Zauber verschwände, hat ihren Sohn geholt und zu einem traditionellen Heiler gebracht. Christine weiß nicht, wie es dem Jungen geht. Sie weiß nur, dass die Klinik noch immer keine neuen Medikamente gegen Malaria bekommen hat.

Die Schwangere, die mit Hilfe der alten Hebamme entbunden hat, ist wohlauf. Sie nimmt weiterhin antiretrovirale Medikamente und hält sich an die vorbeugenden Maßnahmen, die ihre Tochter vor einer HIV-Ansteckung schützen sollen.

Als Christine ihren Rundgang beendet hat, geht sie über das Klinikgelände unter den prächtigen Bäumen entlang nach Hause. Sie nimmt ihr Häubchen ab, zieht ihre rosa Tracht aus und schlüpft in ein weites, blau gemustertes Kleid. Vor dem Spiegel streicht sie ihr Haar zurück. Ihr Blick fällt auf ein Foto an der Wand. Sie steht neben einem Doktor und trägt ihre Schwesterntracht und das weiße Häubchen. Damals wusste sie noch nicht, dass sie HIV-positiv ist. Damals war sie stark und fühlte sich unverwundbar.

Stark ist sie immer noch.

Christine nimmt etwas Geld aus ihrem Portemonnaie und fährt zum Markt. Sie kauft Eier und Mehl. Am Abend kommt Vivian aus dem Internat, sie werden das Wochenende gemeinsam verbringen. Sie werden Pfannkuchen backen. Vielleicht werden sie Dennis und Chrissi einladen.

Dennis sitzt in der Schule. Die Sonne steht senkrecht am Himmel, groß und rund und kürbisgelb. Drinnen im Klassenraum ist es schattig und kühl. Der Lehrer, der heute Hemd und Bundfaltenhosen trägt, steht vor der Tafel, in der Hand ein Stück Kreide. »Viele Menschen in Uganda haben Aids«, sagt er. »Warum ist Aids so verbreitet?«

Die Hände der Schüler schießen in die Höhe. Auch Dennis meldet sich.

Der Lehrer ruft Eric auf. Eric steht von seiner Bank auf und sagt: »Weil die Menschen ungeschützten Sex haben.«

»Richtig. Lasst uns alle wiederholen, was Eric gesagt hat.«

Die Schüler rufen im Chor: »Weil die Menschen ungeschützten Sex haben!«

Der Lehrer schreibt die Antwort an die Tafel. Dennis schlägt sein Heft auf.

»Gibt es weitere Gründe?«, fragt der Lehrer und ruft einen Jungen auf, der in der ersten Reihe sitzt.

Der Junge steht auf. Er ist acht Jahre alt. Er sagt: »Man steckt sich an, wenn man dieselben Kleider trägt.«

Der Lehrer wiederholt die Antwort. Der Junge setzt sich und lacht verlegen. Andere Schüler melden sich. »Danke für den Versuch«, sagt der Lehrer und ruft ein Mädchen auf.

Es erhebt sich und holt Luft. »Aids kann durch Bluttransfusionen übertragen werden«, antwortet es ernst.

»Aids kann durch Bluttransfusionen übertragen werden«, wiederholt der Lehrer und sieht Dennis an. Dennis weiß das auch.

»Wie können wir uns vor Aids schützen?«, fragt der Lehrer die Schüler. Diesmal ruft er einen Jungen in der hintersten Reihe auf.

»Indem wir Kondome benutzen«, sagt der Junge.

»Stimmt das?«

Ein paar Schüler rufen: »Nein.«

Die meisten rufen: »Jaaa ...«

»Dennis«, sagt der Lehrer, und Dennis steht auf.

»Wir können uns vor Aids schützen, indem wir Kondome vorschriftsmäßig benutzen.«

»Sehr gut«, ruft der Lehrer, und die Schüler klatschen. Der Lehrer dreht sich um und schreibt die richtige Antwort an die Tafel. Dann wendet er sich wieder der Klasse zu. »Wir müssen immer ehrlich gegenüber unserem Partner sein«, sagt er. »Damit wir niemanden anstecken und alle länger leben.«

Die Schüler nicken.

Dann stehen alle Mädchen und Jungen auf und singen: *Dear fathers, dear mothers, we are crying for our elders ...*

Am Abend stehen Dennis und seine Schwester vor dem Haus und putzen ihre Zähne. Aus der Dunkelheit kommen Geräusche, und Chrissi schaut ängstlich zu ihrem Bruder. Dennis sagt: »Putz deine Zähne.« Zahnpasta tropft von seinen Lippen.

Nebenan hören die Kinder die Stimmen der Familie, die seit dem Tod der Eltern mit in dem kleinen Lehmziegelhaus wohnt. Die Frau singt ein Lied, ihre Kinder klatschen.

»Spül deinen Mund aus«, sagt Dennis. Seine Schwester sieht ihn stumm an.

Er trägt ihre Zahnbürsten und die Zahnpasta ins Haus. Mit einer Öllampe und dem Memory Book in der Hand kommt er zurück. Im Schein der Lampe sitzen die Geschwister auf der Stufe vor dem Eingang und blättern durch die Seiten. Sie betrachten das Foto, auf dem ihre Eltern nebeneinander auf der Bank sitzen. Wie jung sie waren, denkt Dennis wieder. Und blättert weiter. *Meine Kinder, ich war immer gesund*, liest Dennis vor, und Chrissie hört zu. *Seit meiner Kindheit war ich gesund, und auch als ich euren Vater heiratete, ging es mir gut. Erst nach seinem Tod wurde ich plötzlich sehr krank.*

Eine Weile schweigen die Kinder. Dann blättert Dennis vor zu seiner liebsten Stelle, dem Satz, bei dem er jedes Mal die Stimme seiner Mutter hört: *Ich bin bei euch, meine Kinder*, sagt sie, *denkt nicht, ich werde morgen schon gehen.*

Dennis betrachtet das Foto, auf dem seine Mutter mit ihm im Schatten unter dem Mangobaum sitzt, und spürt, wie die Traurigkeit kommt und durch ihn hindurchfließt. Er löscht die Lampe.

Die Geschwister gehen ins Haus. Dicht aneinandergeschmiegt liegen sie im Bett. Chrissi schläft als Erste ein.

Draußen stimmen die Tiere ihr nächtliches Konzert an.

Vierzehn

Dear fathers, dear mothers, we are crying for our elders …

Das Lied klang mir in den Ohren, als ich wieder in München war. Ich sah die Kinder vor mir, wie sie in ihren Schuluniformen vor den abgestoßenen Holzbänken standen und sangen, voller Inbrunst. Jedes Mädchen, jeder Junge hatte seine eigene Geschichte; viele spiegelten sich in diesem Lied wider.

Fast alle, denen ich in Uganda begegnet war, hatten mich um eines gebeten: sie nicht zu vergessen und ihre Worte in die Welt zu tragen. *Dear fathers, dear mothers, we are crying for our elders …*

Im Angesicht des Todes beschworen die Menschen das Leben.

Ich erinnerte mich an jenen Abend in Berlin. Gut zwei Jahre waren vergangen, seit ich Henning Mankell von Aida, ihrer Mutter und dem Memory Book hatte sprechen hören. »Wir wissen alles darüber, wie Afrika stirbt, aber nichts darüber, wie Afrika lebt«, hatte Mankell gesagt. Über Afrika nur im Zusammenhang mit

Kriegen, Katastrophen und Tod zu berichten war auch eine Art, den Kontinent aufzugeben.

Doch Afrika lebte.

Aids veränderte die Gesellschaft, doch gerade durch Aids entstand in Uganda eine Kultur der Selbsthilfe. Eine Generation starb – und die Überlebenden schlossen sich zusammen. Sie organisierten sich, halfen einander mit ihren bescheidenen Mitteln. Sie wurden stark. Sie bewegten etwas. Frauen wie Christine machten Hoffnung.

Die Memory Books konnten Eltern und Kindern helfen, mit dem Tod besser zu leben. Vielleicht würden die *Hero Books*, in denen Kinder über sich, ihr Leben, ihre Gefühle und Erinnerungen schrieben und malten, ein nächster Schritt sein; einige Hilfsorganisationen begannen damit.

Ich dachte an Anne Even vom ZDF, an unser erstes Treffen. Mit strengem Blick hatte sie mich angesehen und gesagt: »Sie wissen, dass Fernsehzuschauer sich nicht für Filme über Afrika interessieren?« Einen Moment war all meine Hoffnung dahingeschwunden.

Dann hatte ich geantwortet: »In dem Film, den ich machen will, geht es um Gefühle, die alle Menschen kennen. Es geht um Verlust, Trennung und Sehnsucht, um Kraft und Hoffnung. Wenn man sich identifizieren kann, dann spielt es keine Rolle, in welchem Land der Welt der Film spielt!«

Wenn ich versuchte, meine Eindrücke der Dreharbeiten zusammenzufassen, war es diese Erkenntnis: dass wir Menschen tief in der Seele und im Herzen alle gleich sind. Leid trifft uns am tiefsten Punkt unseres Seins. Wir ringen mit unserer Angst und kämpfen mit Trauer und Wut, wünschen uns Kraft und Hoffnung.

Von nun an verbrachte ich viel Zeit mit den Arbeiten zu diesem Buch und im Schneideraum. Ich sichtete das Material. Wir schnitten. Einen Film zu machen ist Teamarbeit, und ich hatte Glück und arbeitete bei Kick-Film mit Carmen Kirchweger, einer sehr kreativen Cutterin, zusammen. Wir entwarfen und verwarfen Ideen. Wir vertonten, übersetzten, synchronisierten, mischten. Es freute mich zu sehen, wie das, was mich zweieinhalb Jahre in Kopf und Seele nicht losgelassen hatte, nun sichtbar wurde.

Wenn der Film fertig ist, soll er auch in Uganda gezeigt werden. Ich weiß nicht, ob alle, die an ihm mitgewirkt haben, dann noch leben werden. In mir bleiben Christine, Betty, Harriet und Dennis lebendig. Oft denke ich an Christines Kraft und wünsche mir, selbst ein bisschen mehr davon zu haben. Ich denke an Betty, an ihre Gelassenheit, und versuche, ein bisschen davon in meinem Leben zu verankern.

Der Film wird bei Festivals laufen. Ich wünsche mir, dass viele Menschen ihn sehen – und ihn mögen. Und dass die, die ihn sehen, sich ein Stück Hoffnung bewahren für diese Welt.

Epilog

Der Junge sitzt auf einem Schemel vor dem Haus, im Schatten, den das Vordach wirft, und hält ein Heft auf seinen Knien. Seine Schwester, die zu seinen Füßen auf einer Grasmatte liegt, schläft, ihr Kopf ruht still auf einem mit Stroh gefüllten Kissen.

Der Junge trägt eine braune Hose und ein blaues Hemd. Sein Haar ist kurz, seine Haut glänzt. Er ist zehn Jahre alt. Seine Eltern sind tot.

Der Junge hält ein kleines Buch in der Hand. Eine Weile denkt er nach. Dann schlägt er es auf und betrachtet die erste Seite.

Am Nachmittag, als die Frau von der Aidsberatung in die Schule kam, mit einem Karton voller leerer Hefte und bunter Stifte, sagte sie, die Kinder könnten alles in ihr *Hero Book* schreiben oder malen, was sie wollten.

Also malte der Junge. Er nahm einen Buntstift, den er später mit nach Hause nehmen durfte, und malte eine Frau. Neben die Frau malte er einen Jungen, der eine braune Hose und ein blaues Hemd trägt. Neben den Jungen ein Mädchen, das gähnt.

Der Junge sieht sich sein Bild an. Es gefällt ihm nicht. Die Frau ist viel zu klein geworden.

Er blättert um.

Auf die nächste Seite hat er ein Haus mit einem Vordach und einem Schemel davor gemalt, außerdem Bäume und eine Kuh. Er malte einen Mann und eine Frau und einen Jungen und ein Mädchen. Daneben zeichnete er einen zweiten Jungen, der abseits steht und ein trauriges Gesicht macht. Er malte dem Jungen rote Tränen auf die Wangen. Der Junge ist er. Wenn er Kinder sieht, die Eltern haben, wird er traurig.

Wer traurig ist, ist ein *Hero*, hat die Frau gesagt. Und wer sich an schöne Momente mit seinen Eltern erinnert, ist ebenfalls ein Held.

Der Junge blättert erneut um.

Er hat ein Glas mit Wasser darin gemalt. In dem Wasser schwimmt ein Fisch. Sorgfältig zeichnete er die Konturen und malte den Fisch dann mit dem blauen Buntstift aus.

Schließlich hat er wieder den roten Stift genommen und geschrieben: *Ich bin wie dieser Fisch im Wasser. Ich lebe. Ich bin ein Held.*

Literatur

Bulayumi, Esperance-François Ngayibata, *Sterbebegleitung als Lebensbegleitung*, Linz 2001

Byakutaaga, Shirley Cathy, *Tips on Ugandan Culture*, Kampala 2006

Deutsche Aids-Hilfe e.V., *HIV/Aids heutiger Wissensstand*, Berlin 2006

Deutsche Stiftung Weltbevölkerung, *DSW Datenreport 2006*, Hannover 2006

Diop, Birago, »Souffles«, in: *Présence africaine*, Nr. 12, 1951. Deutsche Übersetzung von Jahn, Janheinz, in: *Schwarzer Orpheus*, München 1973

Grill, Bartholomäus, *Ach, Afrika – Berichte aus dem Inneren eines Kontinents*, München 2003

Gronemeyer, Reimer, *So stirbt man in Afrika an Aids – Warum westliche Gesundheitskonzepte im südlichen Afrika scheitern*, Frankfurt am Main 2002

Mankell, Henning, *Ich sterbe, aber die Erinnerung lebt*, Wien 2004

Nolen, Stephanie, *28 Stories über Aids in Afrika*, München 2007

Uganda Bureau of Statistics, *2002 Census Results*, Kampala 2001

UNAIDS, UNICEF, WHO: *Children and AIDS – A stock-taking report*, Genf o.J.

UNAIDS WHO, *Die Aids-Epidemie – Statusbericht Dezember 2006*, Genf 2006

The U.S. Agency for International Development (USAID), *Children on the Brink 2000*, Washington D.C. 2000

Schoofs, Mark, »Die neue Plage Afrikas«, in: *Der Überblick*, Nr. 3, Hamburg 2000

WHO, *Summary Country Profile FOR HIV/AIDS Treatment Scale-up*, Genf 2005

WHO, *Health – A Key to Prosperty*, Genf o. J.

WHO/OPEC Fund, *Multi-country Initiative on HIV/AIDS, Strengthening district Health Sector Responses to HIV/AIDS in Sub-Saharan Africa*, Genf 2006

WHO, UNICEF, UNAIDS, *Epidemiological Fact Sheets: Uganda*, Genf 2006

Worldbank, *World Development Indicators database, Uganda Data Profile*, Washington D.C. 2007